Editionen für den Literaturunterricht
Herausgeber: Dietrich Steinbach

Wilhelm Raabe

›Zum Wilden Mann‹

mit Materialien

Ausgewählt und eingeleitet
von Joachim Bark

Ernst Klett Stuttgart

[ ] Vom Herausgeber eingesetzte Titel im Materialienteil ab Seite 99.

1. Auflage 1 5 4 3 2 1 | 1984 83 82 81 80

Alle Drucke dieser Auflage können im Unterricht nebeneinander benutzt werden. Die letzte Zahl bezeichnet das Jahr dieses Druckes.
Der Abdruck folgt der Ausgabe Wilhelm Raabe: Sämtliche Werke. Im Auftrag der Braunschweigischen Wissenschaftlichen Gesellschaft herausgegeben von Karl Hoppe. Band 11, bearbeitet von Gerhart Mayer und Hans Butzmann. Verlagsanstalt Hermann Klemm, Freiburg i. Br., und Braunschweig 1956, S. 159 – 256.

Umschlag: Zembsch' Werkstatt, München.
Fotosatz: Ernst Klett, Stuttgart.
Druck: Ludwig Auer, Donauwörth.
ISBN 3-12-353400-6

Erstes Kapitel

Sie machten weit und breit ihre Bemerkungen über das Wetter, und es war wirklich ein Wetter, über das jedermann seine Bemerkungen laut werden lassen durfte, ohne Schaden an seiner Reputation zu leiden. Es war ein dem Anschein nach dem Menschen außergewöhnlich unfreundlicher Tag gegen das Ende des Oktobers, der eben in den Abend oder vielmehr die Nacht überging. Weiter hinauf im Gebirge war schon am Morgen ein gewaltiger Wolkenbruch niedergegangen, und die Vorberge hatten ebenfalls ihr Teil bekommen, wenn auch nicht ganz so arg als Volk, Vieh, Wald, Fels, Berg und Tal weiter oben. Sie waren unter den Vorbergen nordwärts vollkommen zufrieden mit dem, was sie erhalten hatten, und hätten gern auf alles Weitere verzichtet, allein das Weitere und Übrige kam, und sie hatten es hinzunehmen, wie es kam. Ihre Anmerkungen durften sie freilich darüber machen; niemand hinderte sie.

Es regnete stoßweise in die nahende Dunkelheit hinein, und stoßweise durchgellte ein scharfer, beißender Nordwind, ein geborener Isländer oder gar Spitzbergener, aus der Norddeutschen Tiefebene her die Lüfte, die Schlöte und die Ohren und ärgerte sich sehr an dem Gebirge, das er, wie es schien, ganz gegen seine Vermutung auf seinem Wege nach Süden gefunden hatte. Er war aber mit der Nase darauf gestoßen oder vielleicht auch darauf gestoßen worden und heulte gleich einem bösen Buben, der gleichfalls mit dem erwähnten Gliede auf irgend etwas aufmerksam gemacht und hingewiesen wurde. Ohne alle Umschreibung: der Herbstabend kam früh, war dunkel und recht stürmisch; – wer noch auf der Landstraße oder auf den durchweichten Wegen zwischen den nassen Feldern sich befand, beeilte sich, das Wirtshaus oder das Haus zu erreichen; und wir, das heißt der Erzähler und die Freunde, die er aus dem Deutschen Bund in den Norddeutschen und aus diesem in das neue Reich mit sich hinübergenommen hat, – wir beeilen uns ebenfalls, unter das schützende Dach dieser neuen Geschichte zu gelangen.

Der Abend wird gemeiniglich eher Nacht, als man für möglich hielt: so auch diesmal.

Es ist recht sehr Nacht geworden. Wieder und wieder fegt der Regen in Strömen von rechts nach links über die mit kahlen Obstbäumen eingefaßte Straße. Wir halten, kurz atmend, die Hand über die Augen, uns nach einem Lichtschein in irgendeiner Richtung vor uns umsehend. Es müssen da langgestreckte, in ihrer Länge kaum zu berechnende Dörfer vor uns, dem Gebirge zu, liegen, und der geringste Lampenschimmer südwärts würde uns die tröstende Versicherung geben, daß wir uns einem dieser Dörfer näherten. Vergeblich!

Pferdehufe, Rädergeroll, Menschentritte hinter uns? Wer weiß?

Wir eilen weiter, und plötzlich haben wir das, was wir so sehnlich herbeiwünschten, zu unserer Linken dicht am Pfade. Da ist das Licht, welches durch eine Menschenhand angezündet wurde! Eine plötzliche Wendung des Weges um dunkeles Gebüsch bringt es uns überraschend schnell vor die Augen, und wir stehen vor der Apotheke zum *Wilden Mann*.

Ein zweistöckiges, dem Anschein nach recht solides Haus mit einer Vortreppe liegt zur Seite der Straße vor uns, ringsum rauschende, triefende Bäume – gegenüber zur Rechten der Straße ein anderes Haus – weiter hin, durch schwächern Lichterschein sich kennzeichnend, wieder andere Menschenwohnungen: der Anfang einer drei Viertelstunden gegen die Berge sich hinziehenden Dorfgasse. Das Dorf besteht übrigens nur aus dieser einen Gasse; sie genügt aber dem, der sie zu durchwandern hat, vollkommen; und wer sie durchwanderte, steht gewöhnlich am Ausgange mehrere Augenblicke still, sieht sich um und vor allen Dingen zurück und äußert seine Meinung in einer je nach dem Charakter, Alter und Geschlecht verschiedenen Weise. Da wir den Ausgang oder Eingang jedoch eben erst erreichen, sind wir noch nicht hierzu verpflichtet. Wir suchen einfach, wie gesagt, vorerst unter Dach zu kommen und eilen rasch die sechs Stufen der Vortreppe hinauf, der Erzähler mit aufgespanntem Schirm von links, der Leser, gleichfalls mit aufgespanntem Schirm, von rechts. Schon hat der Erzähler die Tür hastig geöffnet und zieht sich den atemlosen Leser nach, und schon hat der Wind dem Erzähler den Türgriff wieder aus der Hand gerissen und hinter ihm und dem Leser die Tür zugeschlagen, daß das ganze Haus widerhallt: wir sind darin, in dem Hause sowohl wie in der Geschichte vom *Wilden Mann*! – – Daß wir uns in einer Apotheke befinden, merken wir auf der Stelle auch am Geruch.

Die erleuchteten zwei Fenster, die wir von der durchweichten, regen- und sturmwindgeschlagenen Landstraße aus erblickten, waren die der Offizin, und die Lampe an der Decke drin warf ihr Licht durch die breiten Schiebfenster auch auf die Hausflur. In der pharmazeutischen Werkstätte herrschte außer dem bekannten Duft die gleichfalls wohlbekannte Ordnung und Reinlichkeit der deutschen Apotheken. Die weißen, mit blauen Buchstaben und hin und wieder mit schwarzen Totenköpfen und den beiden Armknochen bezeichneten Büchsen und Gläser in den Fächern an den Wänden, die blanken Mörser und grünschwarzen Steinreibeschalen, die Waagschalen und alle übrigen Gerätschaften sahen ordentlich angenehm und anlockend aus. Wäre die schreckliche Bank, auf welcher die meisten von uns schon einmal in fiebernder Angst und Beklemmung saßen und warteten, nicht gewesen: das Werkzeug und Geräte der hohen Kunst hätte jedermann das höchste Vertrauen einflößen müssen.

Aber die böse Bank! Der abgeriebene, schlimme Stuhl! – Wir saßen eben schon darauf – vielleicht wohl am hellen, frostklaren Winternachmittag, oder noch viel schlimmer in der stillen, warmen, der entsetzlichen, wenngleich noch so schönen Sommernacht: wir trauen den Büchsen und Gläsern, den Flaschen, Waagschalen und Reibeschalen wenig, wir erinnern uns nur, wie wir damals dem ruhig-gemessenen, geheimnisvollen Wirken des Mannes hinter dem Arbeitstische wild und dumm zusahen.

In der Offizin befand sich augenblicklich niemand; aber es fiel noch ein Lichtschein aus einem anstoßenden Zimmerchen, dessen Tür halb geöffnet stand. Und mit dem Schein drang ein anderer Duft ein, der die apothekarische Atmosphäre einer auffälligen Veränderung und Entmischung unterwarf; herba nicotiana gehört freilich ebenfalls zu den offizinellen Gewächsen. Wir folgen *diesem* Geruche und treten in das Nebengemach.

Das Ding in dem engen Raume ließ sich ganz gemütlich an. Aus der einen Ecke versendete ein eiserner Ofen eine behagliche Wärme, in der andern war gegen einen mächtigen gepolsterten Lehnstuhl, der leer stand und von dem später noch die Rede sein wird, ein runder Tisch gezogen, an welchem auf gleichfalls gepolsterten hochlehnigen Stühlen sich die jedesmaligen Gäste, mit der Pfeife im Munde und ein offizinelles oder nicht offizinelles warmes oder kaltes Getränk vor sich, den Aufenthalt sicherlich recht bequem und behaglich machen konnten. Gegenwärtig jedoch hatte nur der Herr des Hauses, der Besitzer der Apotheke Zum wilden Mann, allein auf seinem Stuhle Posto gefaßt, und ob er an diesem stürmischen Abend wirklich noch jemand zum Besuch erwartete und ob wirklich jemand der Erwartung entsprach, können wir augenblicklich noch nicht angeben. Wir sind mit der Schilderung unserer Bühne noch nicht zustande und fahren vorerst darin fort.

Das Kabinettchen hinter der Offizin war mit einer gelblichgrauen, grauschwarz geblümten Tapete, soweit sich das überblicken ließ, ausgeklebt. Auf der Fensterbank stand neben einigen Blumentöpfen ein Käfig mit einem schlafenden Zeisig, der jedesmal, wenn ein Baumzweig im Garten, vom Winde gepackt und geschleudert, schärfer an der Glasscheibe herkratzte oder wenn ein Regenstoß heftiger an der Scheibe trommelte, fester und behaglicher im Gefühle seiner Sicherheit sich in eine Federkugel zusammenzog.

Eine Eckschenke mit allerlei Tassen, bunten Töpfen und Gläsern und auf ihr eine ausgestopfte Wildkatze in einem Glaskasten dürften in der Inventaraufnahme nicht zu vergessen sein. Ein vordem recht blumiger, aber nunmehr längst verblaßter und abgetretener Teppich bedeckte den Boden; von der Decke hing eine künstlich geflochtene Graskrone, ein Staub- und Fliegenfänger, herab; und wenn wir nun noch den Bildern an den Wänden einige Worte gewidmet haben werden, so hindert uns weiter nichts, fürderzugehen und interessanter zu werden.

Die Bilder an den Wänden freilich waren schon an sich interessant. Ihre Anzahl allein mußte jeden eintretenden Betrachter höchlichst in Erstaunen setzen und für eine geraume Zeit in ein mundoffenes Umherstarren an allen vier Wänden, nach allen vier Himmelsgegenden. Hatte er sich von seiner Überraschung erholt, so konnte er anfangen zu zählen oder die Zahl wenigstens annähernd zu schätzen. Beides aber war schwer, denn die Bilder und Bildchen unter Glas und Rahmen bedeckten in kaum zu berechnender Menge die Wände von oben bis unten, das heißt so weit nach unten, als es nur irgend möglich war. Alle Arten und Formate in Kupferstich, Stahlstich, Lithographie und Holzschnitt, alle Gegenstände und Situationen im Himmel und in der Hölle, auf Erden, im Wasser, im Feuer und in der Luft, schwarz oder koloriert.

Viele Rambergsche und Chodowieckische Kunstschöpfungen, unzählige Szenen aus dem Leben Friedrichs des Zweiten und Napoleons des Ersten, die drei alliierten Monarchen in drei verschiedenen Auffassungen auf dem Leipziger Schlachtfelde, die am Palmbaum hängende Riesenschlange, an welcher der bekannte Neger hinaufklettert, um ihr die Haut abzuziehen, Szenen aus dem »Corsar, ein Gedicht von Lord Byron«, Modebilder, ein Porträt von Washington, ein Porträt der Königin Mathilde von Dänemark und des Grafen Struensee und, verloren unter all der bunten, kuriosen Nichtsnutzigkeit, zwischen zwei Straßenszenen aus dem Jahre

1848, ein echter alter Dürerscher Kupferstich: *Melancholia*!

Wir beendigen die Katalogisierung. Dreißig Jahre hatte der während dieser dreißig Jahre fest an seine Offizin gebundene Apotheker Philipp Kristeller gebraucht, um seine Bildergalerie zusammenzubringen; es war ihm also gar nicht zu verdenken, wenn er auf seine Galerie hielt, auf seine Kunstliebhaberei und seinen Geschmack sich etwas zugute tat. Sein Hinterstübchen war wohl geziert, und er hatte außerdem noch einiges andere, worauf er sich etwas zugute tun durfte.

Wenden wir jetzo unsere Aufmerksamkeit auf den Mann am Tische. Er mochte ein Alter zwischen den fünfziger und sechziger Jahren erreicht haben, war von Leibesbeschaffenheit mehr hager als dick, von Farbe mehr gelb und grau als rot und braun und von Statur mittlerer Größe. Er trug einen grauen Schlafrock, niedergetretene, dunkelrote Pantoffeln und auf dem silbergrauen, schlichten Haar eine dunkelgrüne Hauskappe mit abgegriffener Goldstickerei, einen Kranz von Eicheln und Eichenblättern darstellend. Er rauchte aus einer langen Pfeife, auf deren Kopf ein Maikäfer gemalt war, und stützte nachdenklich die Stirn mit der Hand, den Blick auf den großen, leeren, bequemen Lehnstuhl ihm gegenüber gerichtet.

Zum erstenmal blickte er empor, als die Tür, die aus dem Hinterzimmer nicht in die Offizin, sondern auf die Hausflur führte, leise geöffnet wurde und ein alter Frauenzimmerkopf sich hineinschob:

»Aber Bruder, welch ein Wetter!«

»Freilich ein bewegtes Wetter, liebe Schwester.«

Ob die alte Dame die Antwort noch vernommen hatte, muß zweifelhaft bleiben, denn sie hatte die Tür ebenso rasch und leise, wie sie dieselbe geöffnet hatte, wieder zugezogen.

»Ein vernehmbar bewegtes Wetter, in der Tat«, murmelte der Apotheker Zum wilden Mann lächelnd und nach dem bestürmten Fenster horchend. In demselben Moment klang die Glocke der Haustür, und es wurde

an das Schiebfenster der Offizin gepocht. Herr Philipp Kristeller erhob sich, stellte die Pfeife an den Stuhl und ging gebückt in seine Werkstatt. Kopfschüttelnd kam er nach einer viertelstündigen Arbeit im Beruf zurück; die Haustürglocke erklang von neuem, und eiligen Laufes entfernte sich jemand, durch die Wasserlachen der Landstraße dem Dorfe zu platschend, ohne im geringsten auf seinen Weg Obacht zu haben.
Kopfschüttelnd nahm der Alte seinen Sitz wieder ein, zündete seine Pfeife von neuem an und sagte:
»Eine ungesunde Jahreszeit – ein Apothekerherbst! – Gute Kasse, aber doch ein schlechtes Geschäft.«
Er seufzte dabei, und das Wort wie der Seufzer zeugten unstreitig von einem guten Herzen.
Nun saß er wieder einige Minuten, bis er plötzlich zusammenschrak:
»Mein Gott – ja aber – ist es denn so?!«
Er erhob sich von neuem hastig, schritt diesmal eilig in die Offizin, schloß ein Stehpult am Fenster auf, nahm ein Buch hervor und blätterte darin. Seine Finger zitterten, seine Lippen zuckten, er sah sich mehrere Male wie zweifelnd in dem aromatisch durchdufteten Raume um: es war kein Zweifel, jede Büchse und jedes Glasgefäß, mit oder ohne Totenkopf, befand sich noch auf seinem Platze. Der Apotheker Kristeller schloß das Buch, legte die Hand darauf und rief:
»Es ist wahrhaftig so! Es ist richtig; heute ist der Tag oder vielmehr der Abend. Es sind dreißig Jahre auf die Stunde – ein Jubiläum – und ich hatte das vollständig, vollständig vergessen. Dorothea, Dorothea!«
»Lieber Bruder?« klang es draußen schrill.
Der Alte schritt in seiner Aufregung fünf Minuten lang auf und ab; dann war seine Geduld zu Ende. Er öffnete die Tür:
»Dorette, Dorette!«
»Was gibt es denn, Philipp?« ertönte es aus der Ferne.
»Ich höre den Wind wohl; aber was kann man dagegen tun? – Tür und Fenster sind verwahrt, und das übrige steht in Gottes Hand.«

»Ei, ei«, murmelte Herr Philipp und rief dann: »Es handelt sich nicht um Wind und Wetter. Komm doch einmal einen Augenblick herein, Dorothea!«
Es dauerte noch verschiedene Augenblicke, ehe das möglich war; aber zuletzt geschah es doch. Da war das Altjungfergesicht wieder und jetzt die ganze übrige Figur, und zwar mit einem über jeden höflichen Zweifel erhabenen Buckel zwischen den Schultern.
»Wir haben es augenblicklich ziemlich eilig in der Küche, lieber Philipp. Wünschest du etwas, bester Bruder?«
»Nein; aber heute vor dreißig Jahren um diese Stunde verkaufte ich in diesem Hause für den ersten Groschen Wundspiritus. Den Altvater Timmermann – Gott habe ihn selig! – hatte der Gaul an die Hüfte geschlagen. Ich habe es mir notiert vor dreißig Jahren, und ich hatte es gänzlich vergessen – dem Lehnstuhl dort zum Trotz!«
»O du meine Güte!« rief das alte Fräulein und verschwand nach einigem, wie es schien, ratlosen Zögern, schlug dann aber die Tür um so heftiger hinter sich zu. Schon auf dem Hausflur wußte Fräulein Dorette Kristeller ganz genau, was sie zu tun habe, und man hatte für den ferneren Abend es noch um ein bedeutendes eiliger in der Küche der Apotheke Zum wilden Mann.

Zweites Kapitel

Trotz aller geistigen Aufregung mußte der Apotheker Philipp Kristeller einen erstaunten Blick für die Pforte, durch welche die Schwester so plötzlich wieder verschwunden war, übrighaben.
»Herr Jesus!« sagte er; und dann versuchte er es von neuem, sich ruhig zu setzen, allein es wollte nicht angehen. Das bedeutungsvolle Datum brannte wie in feurigen Ziffern und Buchstaben vor seinen Augen, und so schob er denn den Stuhl unter den Tisch und schlurfte,

immerfort den Kopf schüttelnd, in seiner Bildergalerie auf und ab; und immer klarer und deutlicher stieg die Welt, die vor dreißig Jahren, vor einem Menschenalter, war, in seiner Seele empor. Ja, von seiner frühesten Kindheit an lag mit einem Male alles in den schärfsten Umrissen vor ihm, und nur seine ihm allzu früh abgestorbenen Eltern durchzogen schemenhaft die helle Landschaft. Dagegen stand der Vormund in derber, ungemütlicher Deutlichkeit in dem Zauberlichte und in der Mitte der Szenerie jener kleinen Provinzialstadt jenseits des Gebirges, dem Thüringerlande zu, mit dem Kyffhäuser in der Nähe und dem Kickelhahn in der blauen magischen Ferne.

»Der allergewöhnlichste Mensch hat doch immer etwas erlebt, wenn er so ein Menschenalter über ein Menschenalter hinaus zurückdenken kann«, murmelte der Alte. »Wie lebendig das nun alles ist, was eben tot und vergessen in meiner Seele lag! Da ist ja der alte Biedermann, der Grauwacker, mein Lehrherr, mit seinem ganzen Haus und Hauswesen. Welch ein schnurriger, verbissener Patron er war; und dann die Patronin! ich meine die Frau Prinzipalin! Herrgott, wie sorgst du in deiner Güte und Weisheit dafür, daß denen, welchen du einen kleinen Löffel auf den Lebensweg mitgibst, auch der Brei nach dem richtigen Maße zugemessen wird! Ist es mir doch, als verspürte ich heute noch das Magenknurren aus jener guten alten Zeit unter dem Zwerchfell. Und es war doch eine glückliche, gesunde Zeit! Und gelernt hat man auch das Seinige bei dem alten Grauwakker; man muß es ihm lassen, er verstand das Geschäft, die Kunst, und er wußte uns darin zurechtzuschütteln. Alles, was nachher kam –«

Die Glocke der Offizin klingelte von neuem; abermals ging der Apotheker in seine Werkstatt zu seiner Arbeit, die diesmal etwas länger als vorhin dauerte. Während er seinen Trank mischte und kochte, führte er im landläufigen Dialekt eine Unterhaltung, die wir dem Leser nicht vorenthalten wollen, die Mundart freilich abgerechnet.

»Ihr habt Euch bei einem schlimmen Wetter auf den Weg machen müssen, Gevatterin. Es steht wohl gar nicht gut zu Hause?«

»Wie mit dem Wetter draußen«, sagte das frische, sehr gesunde Bauernweiblein verdrossen. »Man hat seine liebe Not, daß man sich darüber selber gern vom Tage tun möchte. Er kann nicht leben und will nicht sterben; – ich glaube, er hält sich eben durch das Ärgernis, das er uns macht; – recht machen kann man ihm gar nichts mehr, und von dem Verdruß lebt er so hin von einem Tage zum andern.«

»Hm, hm«, brummte Herr Philipp.

»Ja, es ist doch so! und der Doktor zieht dann das Beste davon. Das Ding hat er gestern abend verschrieben, und es ist uns sehr eilig gemacht; ich meine aber, Sie wissen es am besten, Herr Kristeller, daß kein Tag vergeht, an welchem Sie mich nicht auf dieser Bank sitzen sehen. So dachte ich denn, es hat wohl Zeit bis morgen, und weggeworfenes Geld ist es doch.«

»Hm, hm«, brummte Herr Philipp, fügte aber diesmal hinzu: »Doktor- und Apothekerrechnungen zahlt wohl niemand gern; – aber wir machen es so billig als möglich, Gevatterin.«

»Wie es sich schickt für eine arme, elende Witfrau«, schluchzte die muntere Bäuerin hinter ihren Schürzenzipfeln.

»Na, na«, sagte der Apotheker, »zum Teufel, noch lebt er ja! Witfrau? Junge Frau! Ei freilich! – und meiner Meinung nach wird er es noch manches lange, gute Jahr durch machen. Der Doktor und ich wollen schon das Unsrige tun.«

Die untröstliche Gattin auf der Bank stieß einen Ton hervor, der alles bedeuten konnte: Dankbarkeit, Hoffnung, Freude, Schreck, Mißmut, Ärger und Hohn. Der Apotheker hatte seine Mixtur fertig, reichte sie durch das Fenster, und die jammergeschlagene junge Witwe in spe ging ab, und zwar zu seinem innigsten Genügen grade in ein erhöhtes Aufwüten und Lostosen des Herbststurmes hinein.

»Die Kanaille!« brummte der Alte, als er in seine Bildergalerie zurückkam und sich unter dem Eindruck der Unterhaltung wieder recht fest niederließ, nachdem er mit merklicher Energie vorher frisches Holz in den Ofen geworfen hatte. »Dies Frauenzimmer hätte mir beinahe meine süßesten Erinnerungen für jetzt zunichte gemacht«, murmelte er. »Eben geriet ich in dieselben hinein, als das Weib die Glocke zog; aber das ist freilich immer mein Los in der Welt gewesen, und andern wird es wohl nicht besser gehen. Und dann ist ja auch nichts daraus geworden, Johanne! Zusammen sind wir nicht gekommen. Jeder hat seinen eigenen Weg gehen müssen; ich unter so sonderbaren Umständen in diesen verlorenen Weltwinkel, du, mein armes Kind und Herz, in dein Grab! Nunc cinis ante rosa, einundzwanzig Jahre alt – ach, Johanne, liebe, liebe Johanne! – Jaja, es wäre doch schön und gut gewesen, wenn wir zusammengekommen wären und ich dich heute nach einem Menschenalter hier bei mir hätte als alte, gute, schöne Frau!«
Es duldete den guten, würdigen Herrn an diesem merkwürdigen Abend nimmer lange auf seinem Sitze. Jetzt holte er ein Paket vergilbter Briefe aus dem oben erwähnten Pulte und löste den Bindfaden davon ab.
»Trockene Blumen und Blätter«, seufzte er. »Alles, was ich da in meinen Büchsen und Schachteln habe, grünte und blühte auch einmal wie jedes Wort auf diesem Papier. Apothekerwaren? Drogerien? Nein, nein, nein! Jenes ist tot und bleibt so; aber dies hier ist noch lebendig und blüht fort und kennt keine Zeit und keinen Jahreswechsel. Es hat seine Wurzeln in meiner Seele geschlagen: wie könnte es da welken und zunichte werden? In der Sonne, im fliegenden Wolkenschatten, im Mondenschein, im Nebelziehen, im grauen Landregen, im lustigen Schneegestöber liegt das Tal, liegen die Berge lebendig. Da ist die alte Stadt – ja, da ist sie, wie sie war, als wir jung waren, – jedes Haus ein guter Bekannter! Da ist das Eckfenster, an welchem ich stets vorbeigehe, wenn der Alte mich auf die Pflanzenjagd schickt. Da

sitzt das gute Kind mit seinem Nähzeug, und es währt lange, sehr lange, ehe sie mich bemerkt, und noch länger, ehe ich an die Tatsache glaube, daß sie mir wirklich entgegenschaut und nachsieht. Es ist lange, lange eine Liebe ohne Worte; bis der Himmel ein Einsehen hat und ein Regenschauer zur richtigen Zeit auf einer Landpartie schickt, nachdem er mir vorher die glückselige, heilbringende Idee eingegeben hat, beim schönsten Sonnenschein und blauesten Himmel einen Schirm mitzunehmen. So lernten wir uns in der Nähe kennen – vom Herzen zum Herzen, von Seele zu Seele! Da ging das beste Erdenleben an. – Sie hatte wenig und ich gar nichts; aber der liebe Gott hatte ungezählte Schätze für uns und gab eine kurze, kurze Zeit alles mit vollen Händen. Erst im zweiten Sommer nach unserm geheimen Verlöbnis, nachdem wir ein volles Jahr durch in unserm Glück und unserer Hoffnung Millionär gewesen waren, fiel uns ein, darüber nachzudenken, was wohl weiter daraus werden möge und könne –«

Abermals klang die Glocke und unterbrach den erinnerungsvollen Traum. Es waren aber diesmal keine Kunden, welche den Apotheker Zum wilden Mann störten. Die stets recht deutliche Stimme der Schwester Dorette ließ sich draußen vernehmen:

»Da sind Sie, meine Herren! Gottlob, daß Sie gekommen sind. Das ist schön, das ist sehr freundlich von Ihnen. Ich wußte es aber auch, daß ich Sie nicht vergeblich bitten würde. Dem Bruder ist die große Merkwürdigkeit eben erst eingefallen, und da hat es sich mir sogleich schwer auf das Herz gelegt, und ich habe dann den Fritz losgejagt. Ich kenne ihn ja nur zu gut, den Bruder; er würde sich ohne gute Gesellschaft eine traurige Nacht zurechtgemacht haben, seine melancholischen Einbildungen würden uns kläglich genug mitgespielt haben. Aber nun ist es gut, denn an diesem Abend gehören wir ja doch zusammen, und der Bruder wird sich nun recht sehr freuen – schönsten guten Abend, meine Herren!«

Drittes Kapitel

Die beiden Herren, zu denen die Schwester Dorette der melancholischen Einbildungen ihres Bruders wegen sofort geschickt hatte, nachdem er ihr die Bedeutung des heutigen Abends zugerufen, waren der Pastor des Ortes, Herr Schönlank, und der Förster Ulebeule. Ersterer kam, dicht in den Mantel gewickelt, mit seiner Laterne und seinem Regenschirm, letzterer, jeglicher Witterung Trotz bietend, in kurzer, grünkragiger Flausjacke, den derben, eisenbeschlagenen Hakenstock unterm Arme. Beide aber schüttelten sich vor allen Dingen tüchtig auf der Hausflur und sagten wie jedermann weit und breit: »Brr, welch ein Wetter!«

Und der Förster fügte noch hinzu:

»Das nennt man freilich auch, unterm Wind sich anschleichen; aber ein Vergnügen war es grade nicht. Na, Pastore, hier haben wir Überwind, und für das übrige wird Fräulein Dorette zu sorgen wissen.«

Der Alte im Hinterstübchen, der anfangs etwas betroffen gehorcht, hatte sich schnell in die Situation gefunden. Ein Lächeln auf seinem gutmütigen Gesichte wurde immer breiter und sonniger, und jetzt riß er seinerseits die Tür auf, die aus seinem Schlupfwinkel auf die Hausflur führte, und rief in heiterster Laune:

»Herein, herein, und gelobt seien alle melancholischen Phantasien, wenn sie einem so erwünschte Gesellschaft ins Haus führen! Das war ein Gedanke – das war eine Tat, Dorette! Herein, liebe Freunde, – das ist freilich ein Abend, um eine Nacht daraus zu machen, und letzteres wollen wir, und zwar wie es sich gehört! Herein, und jeder an seinen Platz, und ein Vivat für die alte Apotheke!«

»Davon nachher, wenn wir erst Chinesien auf dem Tische haben werden«, sagte der Förster, seinen Stock in den Winkel stellend. »Fürs erste, alter Bursch, ganz sedate unsere beste Gratulation zum glorwürdigen Jubiläum. Wenn der Pastor das noch einmal und mit Salbung vorträgt, so habe ich auch nichts dagegen; aber wenn wir den Hasenfuß, den Physikus hier hätten, so würde der uns allen den Rang ablaufen; ein hirschgerechterer Jäger für einen Glückwunsch und Trinkspruch soll noch gefunden werden; aber er ist über Land geholt.«

»Und wird zu Hause meine Benachrichtigung vorfinden«, sagte Fräulein Dorette Kristeller.

»Schön«, sprach der Förster, »unter den Umständen kriegen wir ihn sicherlich noch zu Gesicht. Übrigens würde er es schon ganz aus Naturanlage gewittert haben, daß wir uns hier rudelten. Bis Mitternacht bleiben wir ja doch wohl vergnügt beisammen?!«

»Natürlich! Hurra!« rief der Apotheker, und der Pastor brachte nun wirklich in Erwartung Chinesiens, das heißt der Punschbowle, fein, zierlich und schicklich seine Gratulation gleichfalls an.

Unterdessen hatte sich das ganze Haus mit eigentümlichen, anmutigen Düften, die den Apothekendunst ihrerseits sieghaft bekämpften, gefüllt. In des Hauses Küche hatte ein merkwürdig lebendiges Treiben begonnen; allerlei Gerät rasselte und klirrte fröhlich durcheinander. Punkt neun Uhr stand die erste dampfende Schale auf dem Tische, und nicht sie allein, sondern, was dazu gehörte, ebenfalls. Für fünf Minuten fand des Apothekers Schwester nun auch Muße, sich zu den Männern zu setzen und die ersten Belobungen derselben in Empfang zu nehmen.

Die Belobungen kamen zu rechter Zeit; aber dann trat für einige Augenblicke das Stillschweigen ein, das immer entsteht, wenn ein des Nachdenkens würdiges Getränk auf den Tisch gesetzt wird. Daß dieses Stillschweigen schnell überwunden wird und ein jeder sich merkwürdig rasch mit der Feierlichkeit des Momentes abzufinden weiß, ist bekannt.

»Also wirklich bereits ein volles Menschenalter?!« rief der geistliche Herr. »Ich hielt es im Anfang fast für unmöglich; aber nun, da ich im stillen nachgerechnet habe, finde ich und gebe zu, daß es sich in der Tat also verhält. Ich hatte mich in jenem Jahre grade mit meiner guten Friederike in den Stand der heiligen Ehe begeben, und mein ältester Sohn, der Inspektor, ist wahrlich seitdem bereits achtundzwanzig Jahre alt geworden.«

»Wahrhaftig, Pastore, und wenn ich daran denke, wie Ihr schlecht bei Leibe hier ankamet, und Euch ansehe, wie Ihr jetzo dasitzt, so brauche ich gar nicht an den Fingern abzuzählen, um an die dreißig Jahre zu glauben. Übrigens empfing ich euch alle hier und machte euch die Honneurs des Ortes. Zuerst rücktet Ihr ein, Pastore, und heiratet Eueres Vorgängers Tochter; und nachher kam der gleichfalls noch anwesende Jubilante, um die gesunde Gegend mit seinen Pillen und Mixturen noch gesunder zu machen. Den Doktor rechne ich gar nicht; denn ein Mensch, der erst ein Dutzend Jahre unter uns haust, ist eben gar nicht zu rechnen.«

»Der liebe Gott hat Euch wirklich in Euerm Einzuge gesegnet, lieber, alter Freund«, sagte der Pastor zum Hausherrn. »Euere zwei Vorgänger hatten mit großer Schnelligkeit in diesem Hause Bankerott gemacht; Ihr aber hattet Glück –«

»Und Verstand«, fiel der Förster Ulebeule ein, »den richtigen Verstand von der Sache; denn in einer so gesunden Gegend, wie die hiesige zum Exempel, legt sich der richtige Apotheker eben auf etwas anderes, zum Beispiel auf einen neuen Magenbitter, wie der ›Kristeller‹ einer ist, auf die Fruchtsäfte im Großen, auf den Weinhandel und, nicht zu vergessen, auf den Kräuterhandel durch ganz Deutschland ins Unermeßliche. Heute abend ist denn im natürlichen Verlaufe der Dinge der Alte da in seinem Schlafrocke der allereinzige von uns, der es zu etwas gebracht hat. Der Doktor wird es nie zu etwas bringen.«

Der geistliche Herr seufzte; aber der Apotheker Zum wilden Mann, Herr Philipp Kristeller, seufzte ebenfalls, und als gerade jetzt Wind und Sturm stärker und böser mit Regen und Schloßen durchs Land fuhren, sah er wie erschreckt von dem behaglichen Tische auf das gepeitschte, klirrende Fenster. Die alte, gute Schwester rückte dichter an ihn heran, indem sie flüsterte:

»Liebe Herren, man muß niemandem sein Glück vorrücken, es nützt nichts und hat schon häufig geschadet; das ist meine Meinung. Und ob meines Bruders Glück grade so groß gewesen ist, das steht wirklich noch dahin. Wir haben unser Los und Leben genommen, wie es uns gegeben wurde, das ist aber auch alles. Auf das Jubiläum aber trinke ich doch, und jetzo will ich den Spruch ausbringen und sagen: Es lebe die Apotheke Zum wilden Mann!«

Sie hatte, während sie redete, die Gläser im Kreise gefüllt, und alle stießen an, doch mit Nachdenken und Ernst, wie es sich gehörte. Herr Philipp aber, unruhig auf seinem Stuhle hin und her rückend, sprach leise und mehr zu sich selber als zu den andern:

»Es ist eine Nacht dazu! – die rechte Nacht. Es ist mehr als ein Menschenalter hingegangen, seit das, was ich mein Hauptglück nennen sollte, an mich kam. Hört nur den Sturm da draußen, wie er sich unbändig hat, ihr solltet kaum glauben, daß sich morgen vielleicht kein Lüftchen regen wird, um das letzte Blatt vom Baume zu nehmen! Man sagt, es verjähre alles; aber es ist nicht wahr. Es kommt alles wieder an einen, der Sturmwind wie die alte Zeit. Ihr lieben Freunde, wollt ihr mich anhören, so will ich euch eine Geschichte erzählen, eine kuriose, eine recht, recht kuriose Geschichte. Ich will euch erzählen, wie ich vor mehr als dreißig Jahren der Besitzer der Apotheke Zum wilden Mann wurde.«

Der Pastor sagte gar nichts; aber auch er rückte näher an Herrn Philipp heran, berührte ermunternd seinen Ellbogen und bot ihm zu noch größerer Ermunterung die blank abgegriffene silberne Dose.

»Geschichten höre ich für mein Leben gern, selbst Jagdgeschichten im Notfall!« rief der Förster eifrig. »Endlich ist das Wild los! Hin nach der Fährt –«

»Einen Augenblick!« bat Fräulein Dorette, »jetzt muß ich noch für eine Minute in die Küche, nachher bin ich

wieder ganz und gar bei dir, Philipp. Die beiden Nachbarn entschuldigen wohl.«
Sie entschuldigten gern und warteten und machten noch einige Bemerkungen über die Jahreszeit und die Witterung. Nachdem aber die Schwester zurückgekommen war, erzählte der Bruder wirklich seine Geschichte – eine kuriose Geschichte!

Viertes Kapitel

»Liebe, gute, treue Freunde und Nachbarn«, begann der Mann, der nach der Meinung des Försters Ulebeule es zu etwas im Leben gebracht, das heißt etwas vor sich gebracht hatte im Dorfe, »ich habe, ehe ihr kamet, von der alten Zeit verlockt, schon zweimal meinen Archivkasten da in der Offizin geöffnet und habe den Staub von der Vergangenheit geblasen; jetzt werde ich wohl noch ein Dokument daraus hervorholen müssen. Trotz aller wunderlichen Geheimnisse liegt mein Geschick vollständig klar auf dem Papier da; nicht etwa daß ich ein Tagebuch oder dergleichen geführt hätte, sondern in wirklichen authentischen Schriftstücken, die ich euch dann auch nachher zu eigener Begutachtung in die Hände geben werde.
Mein Vater hatte mir einige tausend Taler hinterlassen; aber mein Vormund, ein gutmütiger, wohlmeinender, doch höchst zerfahrener und leichtsinniger Mann, hatte wenig auf dieselben Achtung gegeben. Als ich das Geld gebrauchen konnte, war es bis auf ein Minimum verschwunden, und der Vormund legte mir schluchzend das Bekenntnis ab: er wisse am allerwenigsten, wo es geblieben sei. Übrigens fügte er zu meinem Troste hinzu: mit seinem eigenen Vermögen sei es ihm gradeso ergangen. Er war ein ältlicher Herr mit drei unverheirateten ältlichen Töchtern, und alle waren meine besten Freunde; – was blieb mir also übrig, als mit ihnen zu

weinen und so auch meinerseits das trockene Faktum in gegenseitiger Liebe und Zuneigung feucht zu erhalten. Die drei guten Mädchen sorgten für meine Wäsche und sonstige Ausstattung, packten mir meinen Koffer, und so zog ich nach abgetaner Lehrzeit als voraussichtlich ewiges Subjekt ins Laborantentum hinein und trieb mich fünf oder sechs Jahre lang so umher durch Süß und Sauer, von einer Epidemie in die andere, von einem nächtlichen Aufgeklingeltwerden zum andern, von einer Doktorpfote zur andern, bis ich nach *** kam, wo ich meine Johanne kennenlernte. Da, Freund Ulebeule, habe ich wirklich etwas vor mich gebracht, nämlich die einzigen guten, glücklichen Tage meines Lebens!«

»Gratuliere auch dazu«, brummte der Förster.

»Ja, in die glückliche Zeit meines Daseins war ich hineingeraten, und es stimmte alles zusammen – ein ganzes Jahr lang!

Ich hatte es in jeder Beziehung gut. Mein damaliger Prinzipal war ein drolliger alter Kauz, über den ich etwas mehr sagen muß; denn er verdient das, meinet- wie seinethalben in jeder Beziehung. Er war Apotheker mit Liebe, aber mit einem gewissen Wahnsinn ein Enthusiast für die hohe Wissenschaft Botanik, und er war in der Tat ein bedeutender Pflanzenkundiger. Solange es anging, hatte er seine Provisoren und Gehülfen die Offizin versorgen lassen und war selber in Wald und Feld seinem Lieblingsstudium nachgegangen. Als ich aber in sein Haus eintrat, hatte sich das eben geändert. Er war über sechzig Jahre alt, seine Augen waren allmählich schwach geworden, sein Rücken steif; und wenn er sich zwischen Berg und Tal nach einem Gewächs bückte, so kam er nur mit Stöhnen und einem verdrießlichen Griff nach dem Kreuz wieder in die Höhe. Ich kam, und er stellte ein botanisches Examen mit mir an, das an Schärfe nichts zu wünschen übrigließ, gottlob aber ziemlich gut ausfiel, und von dem all mein späteres Wohlsein in seinem Hause den Ausgang nahm. Nach dem Examen überreichte er mir als Zeichen seiner Zufriedenheit ein Exemplar von Stövers Leben des Ritters

Karl von Linné und hielt mir eine Rede über die Märtyrer unserer ›Göttin‹ und empfahl mir vorzüglich zur Nachahmung das größte botanische Genie des sechzehnten Jahrhunderts, den Meister Charles de l'Ecluse – Carolus Clusius aus Arras in den Niederlanden, der im Dienste der Wissenschaft im vierundzwanzigsten Jahre die Wassersucht bekam, im neununddreißigsten Jahre in Spanien mit dem Pferde stürzte und den Arm brach und gleich nach der Heilung den rechten Schenkel – der im fünfundfünfzigsten Jahre in Wien den linken Fuß brach und acht Jahre später sich die rechte Hüfte verrenkte – der fortan an Krücken gehen mußte, einen Bruch und Steinschmerzen bekam und doch das wundervolle Buch: Rariorum plantarum historia schrieb und für alle kommende Zeiten wie ein glorreich helles Licht aus dem dunkeln Jahrhundert, in welchem er lebte und wirkte, herüberleuchtete. Darauf schickte er mich in re herbaria auf die Jagd und blieb selber seufzend zu Hause, versorgte die Praxis und durchblätterte seine Kräuterbücher, die wirklich merkwürdig in ihrer Art waren und nach seinem Tode sicherlich auf den Mist geworfen sind. Zu jeder Jahreszeit fast hatte ich für ihn das Land abzulaufen, denn er war auch in der Kenntnis der Moose bedeutend, und in den Monaten, wo die übrige Flora in ihrer Pracht steht, ging ich fast täglich meilenweit ins Land oder in die Berge, um irgendeine einzige Pflanze zu suchen, auf deren Besitz und Studium er augenblicklich sein Herz gewendet hatte. – Das war eine schöne Zeit! Das waren Tage, wie ich sie seit Jahren nicht in so ununterbrochen glücklicher Folge durchlebt hatte, und da ich, wie gesagt, auch bald den Namen und das Bild meiner Braut mit mir auf die Höhen und sonnigen Halden und in die schattigen Täler nehmen konnte, so ist denn weiter nichts mit dem Scheine zu vergleichen, wie er mir damals über die Erde und in der Seele lag. Daß ich Rad durch den Sonnenglanz auf den Bergen geschlagen hätte, will ich aber nicht gesagt haben. Im Gegenteil! in die Lust am Leben mischte sich immer ein bänglicher Zug. Kam ich aus meinen Wäldern zurück in die kleine, winklige Stadt, wieder hinein in das Gewirr und zänkische Durcheinander selbst dieser wenigen Menschen, so wurde mir oft sogar sehr bänglich zumute.«

»Das geht allen Leuten so, die ihr Geschäft viel im Freien aufhält, mir auch!« sagte der Förster Ulebeule.

»Aber noch lange«, fuhr der Erzähler, ohne auf die Unterbrechung weiter zu achten, fort, »noch lange war und blieb im Freien alles für mich Gegenwart, und erst nach und nach wurde drunten im Städtchen alles Zukunft, sorgenvolle, angstvolle, nebelige Zukunft:

Was soll denn eigentlich zuletzt aus dir und deinem Mädchen werden?

Ich habe es schon gesagt, daß die richtige Schwerblütigkeit mich erst im zweiten Jahre meines dortigen Aufenthalts übermannte. Im Anfange blieben die trüben, sorglichen Gedanken bei jedem Ausmarsche innerhalb der alten Mauern der Stadt eingeschlossen zurück; erst nach und nach begleiteten sie mich über das Weichbild hinaus und folgten mir weiter und weiter, bis im dritten Frühlinge der dunkle Finger mir überall auf meinen Wegen drohte und der Prinzipal die Bemerkung machte, daß ich anfange, bedeutend abzumagern, und mich wohlmeinend und besorgt an verschiedene nerven- und magenstärkende Drogen unserer Materialkammer verwies.

Ach, kein Arzeneistoff konnte mir wieder zu vollerer Leibesrundung verhelfen! Zwischen Hypochondrie und gutem Lebensmut hin und her geworfen, schweifte ich umher, bis ich den Mann fand, der mir half!

Meine Herren und lieben Freunde, in eben diesem Sommer machte ich eine Bekanntschaft, eine seltsame, geheimnisvolle und, wie Johanne sagte, eigentlich unheimliche Bekanntschaft. Ihr habe ich es zu danken, daß ich heute der Besitzer dieser Apotheke Zum wilden Mann bin, und sie ist bis heute – ja bis heute, und also länger als dreißig Jahre das ungelöste Rätsel, das Mysterium in meinem Leben geblieben –«

»Erzählen Sie, o erzählen Sie!« rief der Pastor atemlos,

den Erzähler in der besten raschesten Mitteilung seines Berichtes aus übergroßer Spannung unterbrechend, und Herr Philipp Kristeller benutzte die Gelegenheit, um Atem zu schöpfen, ehe er fortfuhr.

Es schien ihm aber wirklich daran gelegen zu sein, das Geheimnis seines Lebens von der Seele loszuwerden, und so fuhr er fort:

»Ich fand einfach einen Weggenossen und sozusagen Kollegen auf meinen Gängen, einen jungen, wohlgekleideten Mann, der sich gleichfalls mit der Botanik beschäftigte, nur um ein weniges jünger als ich zu sein schien und sich als ein Naturfreund und Pflanzenkenner auswies, der selbst meinen Prinzipal im verständnisvollen Eindringen in unsere hinreißende Wissenschaft übertraf. Aus der Gegend war er nicht, seinen Namen haben wir nie recht erfahren; wir nannten ihn Herr August und später auch einfach August. Sein Familienname war das aber jedenfalls nicht.

Der Zufall stieß uns an einem heißen Julinachmittage auf einer abgeholzten, glühenden Berglehne unter den mannshohen Fingerhutbüschen zwischen dem Gewirr der Granitblöcke die Köpfe zusammen und ließ uns sofort höflich das Handwerk grüßen. Zuerst begrüßten wir jedoch natürlich höflich uns selber und betrachteten einander. Was der Fremde an mir sah, weiß ich nicht; mir steht er heute noch so klar und deutlich wie damals vor den Augen. Es war ein junger Mann, wie gesagt, ungefähr von meinem Alter, hochgewachsen, wohlgebaut, von schwarzem Haar und mit einem ernsthaften, energischen Gesicht von etwas gelbweißer, jedoch keineswegs krankhafter Farbe. Den Kopf trug er ein wenig gesenkt, und seine Stimme war wohllautend, er gebrauchte sie aber nur zu selten. Während unseres ganzen Verkehrs überließ er es mir vollständig allein, die Unterhaltung zu führen; und wie ihr wißt, liebe Nachbarn, bin ich stets für einen lebhaften mündlichen Verkehr gewesen – vielleicht oft nur zu sehr.«

An dieser Stelle hatte die Schwester etwas zu sagen, und etwas unmutig rief sie:

»Bester Bruder, sie reden im Dorfe doch schon dumm genug von dir!«

Der geistliche Herr lächelte; aber der Förster lachte laut und rief:

»Ja, Fräulein Dorette, für den Anstand ist seine Natur freilich nicht eingerichtet, das habe ich zweimal in Erfahrung gebracht und werde es mit meiner Einwilligung nicht zum drittenmal erleben. Das ist so: er hält jedem Fuchs, der herüberwechselt, eine Standrede, ehe er losbrennt und vorbeipafft. Aber hingegen bei einem Treiben wäre er wohl an Ort und Stelle, und eine Hasenklapper ist auch ein recht nützliches Ding.«

»Ich danke Ihnen für Ihre Bemerkung, Ulebeule!« sprach das alte Fräulein spitz und kurz, und jetzt lächelte Herr Philipp Kristeller und ließ sich nicht weiter auf seinem Wege aufhalten.

»Ich gab also, wie es nicht anders sein konnte, meiner Natur nach. Ich erzählte dem neuen Bekannten so nach und nach von allem, was mir an mir, meinem Leben und Zuständen wichtig dünkte. Um alles, von meiner Geburt an, wußte er bald Bescheid; was ich von ihm dagegen erfuhr, war so wenig als möglich, das heißt gar nichts! – Aber ein guter Gesellschafter war er doch und wurde ein immer besserer, je häufiger wir uns trafen. Wir fingen an, die Plätze miteinander zu verabreden, an welchen wir uns finden wollten, und er, als der freiere Mann, war stets am Orte. Manchmal begleitete er mich bis an den Hügelhang, an welchem die Stadt liegt; allein so oft ich ihn auch einlud, nun auch mit mir in dieselbe hinunterzusteigen, so lehnte er das stets bestimmt ab, ohne einen Grund für die Weigerung anzugeben. Am Waldrande über dem Nordtore nahm er stets Abschied, drückte mir die Hand und ging zurück. In der Stadt und Umgegend kannte ihn keiner, so oft und viel ich auch die Leute nach ihm ausfragte. Gesehen hatte ihn wohl mancher, und manchem war er auch in seinem Wesen und Treiben aufgefallen; doch nähere Auskunft über ihn wußte niemand zu geben. In einem Dorfe, mitten in den Bergen, hatte er für ein Pferd und einen leichten

Wagen ein Standquartier, doch auch da nannte man ihn einfach nur Herr August und hielt ihn für einen Studiosen aus der Universitätsstadt in der Ebene, der, ›wie schon viele‹, von dort in die Berge komme, um ›die Kräuterei zu verstudieren‹.«

»Scheint mir eine kalte Fährte gewesen zu sein«, meinte der Förster, und der Pastor war derselben Meinung.

»Ich gab auch nichts darauf«, erzählte Herr Philipp weiter, »sondern setzte den Verkehr fort, wie er sich eben machte, und nachdem ich mit dem Herrn August ein halbdutzend Male zusammengetroffen war, fügte es der Zufall, daß er auch meine Braut kennenlernte. Die hatte mit ihren Verwandten und Bekannten an einem schönen Sonntage einen Ausflug in den Wald gemacht, und da trafen wir – als Johanne und ich uns von der lustigen Gesellschaft abseitsgeschlagen hatten und allein für uns gingen, auf einem überwachsenen Pfade auf meinen geheimnisvollen Freund. Wir gingen Arm in Arm, und er ging wieder einsam, und sein Gesicht war ernster und trüber denn je. Als er uns erblickte, erhellten sich seine Mienen zwar, aber nicht auf lange. Er wollte mit uns fröhlich und heiter sein; aber es gelang ihm schlecht. Er sprach sehr gut und freundlich zu meinem Schatz; doch je länger er mit uns ging und je munterer wir auf ihn einplauderten, desto stiller wurde er. Und als nun gar die übrige Gesellschaft singend, lachend und jubelnd zu uns stieß, da war er plötzlich wieder verschwunden, und wir sahen ihn an jenem fröhlichen Tage nicht mehr. ›Du, Philipp, der hat ein großes Unglück erfahren oder windet sich noch durch ein solches‹, sagte mir Johanne nachher; ›Philipp, der Mensch tut mir unendlich leid; – ist es dir denn noch niemals bange und traurig in seiner Nähe zumute geworden?‹ Die Weiber haben in der Hinsicht einen feinen Blick und Sinn, und sie verstehen es, uns Mannsvolk auf manches aufmerksam zu machen, was man gefühlt hat, ohne daß es einem im Bewußtsein klargeworden ist. Ich stutzte, und jetzt zuerst fiel es auch mir bei, daß mein schweigsamer Freund auch mir schon einige Male sehr leid getan habe. Bänglich war's mir freilich noch nicht in seiner Gesellschaft zumute gewesen; doch schon auf dem lustigen Heimwege nach der Stadt war es mir ganz klar, daß von nun an auch das Bangen mich zu Zeiten wohl überkommen könne. Von jenem Tage an achtete ich schärfer und schärfer auf meinen Freund August, und dann einmal fragte ich ihn mit aller Aufbietung meiner Beredsamkeit und Überredungskraft, was ihm eigentlich fehle und ob es durchaus nicht möglich sei, daß ich ihm helfe. Ich beschwor ihn inständigst, doch ein Herz zu fassen und alles, was ihn drücke, mir mitzuteilen. Ich sagte ihm, daß ich mein Blut und meine Seele dran geben würde, ihm zu helfen, und fügte auch sonst noch bei, was man bei einer solchen zum Zittern aufgeregten Gelegenheit ernstlich und innig einem geliebten, geschätzten und geachteten Menschen sagen kann. Natürlich versuchte er zu lachen und versicherte mich, er befinde sich körperlich wie geistig vollkommen wohl, sein Gewissen sei durchaus nicht durch irgendeine unaussprechliche Schandtat belastet; aber für sein Temperament könne er freilich nichts, und es sei in der Tat ein ziemlich unbehagliches zu nennen und schon mehreren aufgefallen. Er sagte, er habe ein unglücklich Blut von seinen Vorfahren geerbt, und wahr sei, daß er es stets kräftig und aufmerksam im Zaum halten müsse, wenn nicht jeder Tag, den er lebe, zu einem jähzornigen bösen Ende gelangen solle. Er dankte mir herzlich für meine Güte, wie er's nannte, und es war mir fast, als sähe ich eine Träne in seinem Auge, allein das mochte doch wohl eine Täuschung sein, denn ein solches römisches Münzengesicht, wie das seinige, war auf dergleichen Weichheiten hin nicht in die gehörige Form gegossen.«

»Was für eine Art Visage hatte er, Kristeller?« fragte der Förster Ulebeule.

»Ein Gesicht wie die Kaiser Nero, Caracalla oder Caligula auf ihren Dukaten!« erläuterte der Pfarrherr, und der Apotheker Zum wilden Mann schüttelte den Kopf, glaubte sich aber jeder andern Antwort überhoben und ging in seiner Erzählung weiter:

»Meine Braut hatte ihm sehr gefallen. Er lobte ihr Äußeres und alles, was sie während des kurzen Zusammenseins gesprochen hatte, ausnehmend. Er nannte sie ein liebes, braves Mädchen – was sie wirklich auch war – und er sprach mit tiefen Seufzern den Wunsch aus, eine ihr gleichende Schwester zu haben. Da erkundigte ich mich denn selbstverständlich noch einmal nach seinen Familienverhältnissen; er aber versicherte mich, daß er ganz allein in der Welt stehe, Vater und Mutter durch den Tod verloren und Geschwister nie gehabt habe; und wie um das Gespräch schnell zu wenden, fragte er seinerseits, ob der Tag meiner Hochzeit bereits festgesetzt sei.
Als ich ihm nun gesagt hatte, wie es sich damit verhalte, seufzte er: ›O, könnte ich Ihnen helfen, Philipp, so würde es heute noch geschehen!‹ – – Wie er mir half und weshalb der Ehrensessel da seit dreißig Jahren leer steht und auf ihn wartet, das will ich euch jetzt sagen.«

Fünftes Kapitel

Die kleine Gesellschaft in dem bilderreichen Hinterstübchen der Apotheke Zum wilden Mann war dicht am Tische zusammengerückt. Sie wußten, daß der alte Freund nicht übel zu erzählen verstehe, doch so wie heute hatte er seine Gabe noch nicht gezeigt. Dem Förster Ulebeule war die Pfeife ausgegangen, Schwester Dorette hielt die Hand des Bruders fest in der ihrigen, und der Pastor loci klopfte leise mit der Dose auf dem Tische und sagte:
»Also endlich! – Kein Mensch sollte es doch für möglich halten, daß einen solch braves Möbel, wie ein weichgepolsterter Lehnstuhl, dreißig Jahre lang auf die Folter spannen könne. Lieber Kristeller, dieser Sessel da hat mich in der Tat dreißig Jahre lang auf die Folter gespannt!«

Sie lachten doch trotz ihrer Erregung, und der Herr Philipp lachte mit und erzählte dann weiter.
»Der Sommer ging, der Herbst kam. Es wurde September und es wurde Oktober, und die Pracht und Fülle der Natur ging für dieses Jahr auf die Neige. Mein Prinzipal, der zur Zeit der Äquinoktialstürme stets anfing, an Gesichtsschmerzen zu leiden, war gezwungen, mich nun fester an die Offizin zu binden. Es ging wohl ein Monat hin, ehe er mich wieder in die Weite schickte; – am fünfzehnten Oktober aber jagte er mich drei Meilen weit nach jener berühmten Felsgruppe, die ihr alle unter dem Namen der Blutstuhl kennt, einer Moosart wegen, die um diese Zeit dort blühte, und zwar nur dort allein.
Ich war damals auf dem Blutstuhle, doch nachher nicht wieder. Ich habe eine Furcht vor dem wilden Orte behalten, trotzdem daß damals mir das gegeben wurde, welches dieses Haus in meinen Besitz brachte und mir das Leben, wie ich es geführt habe, möglich machte. Das Rätsel liegt noch ungelöst da. Wenn ihr, meine Freunde, nachher euern Scharfsinn daran prüfen wollt, so soll es mir lieb sein. Ich habe es aufgegeben, nachdem ich ein Menschenalter darüber habe nachgrübeln müssen, und jetzt wird es ja auch wohl gleichgültig sein, ob einer hier im Kreise noch zuletzt das rechte Wort findet. Jenen Tag aber, diesen mir bedeutungsvollen fünfzehnten Oktober, werde ich euch nun mit allen seinen Umständen so genau als möglich schildern, und ihr müßt es euch schon gefallen lassen.«
»Kein Hase macht neugieriger seinen Kegel als ich!« rief der Förster.
»Lieber Gott, welche ein Abend!« sagte der geistliche Herr. »Hören Sie nur diesen Sturm! O erzählen – erzählen Sie!«
In der Tat ein stürmischer Abend! Je weiter die Nacht vorschritt, desto wilder tobte es von Norden her gegen das Gebirge heran, und die Apotheke Zum wilden Mann bekam ihr volles Teil.
»Solch ein Wetter war es an jenem Tage nicht«, sagte

Herr Philipp in seinem gewohnten Tone, ruhig und gelassen, wie jemand, der eben ein Menschenalter Zeit hatte, ein Erlebnis zu überdenken. Er wurde aber auch noch einmal unterbrochen, denn es kam ein Kunde und holte für einen Groschen Bittersalz und setzte eine Viertelstunde lang dem Verkäufer auseinander, wozu, – was beides auch Zeit hatte bis morgen, wie Ulebeule mürrisch bemerkte. Die Schwester jedoch benutzte die Pause, die chinesische Schale auf dem Tische von neuem zu füllen, und endlich erfuhren die Freunde doch, was der Apotheker Kristeller an jenem fünfzehnten Oktober erlebte.

»Um neun Uhr morgens zog ich mit einem Auftrage, das Frühstück in der Tasche, die Botanisierbüchse auf dem Rücken, vom Hause, das beiläufig das Zeichen Zum König David führte, ab; bei stiller Luft und dichtem Nebel und diesmal im höchsten Grade geknickt und gebrochen. Ich hatte Grund dazu, melancholisch auch in die schönste Witterung hineinzusehen! Am Abend vorher hatte Johannes Onkel mich bitten lassen, ihn doch einmal auf ein Viertelstündchen zu besuchen, und ich hatte ihn besucht, und er hatte mich zwei Stunden lang unterhalten. Zwei Stunden lang hatte er mir eindringlich zugeredet, endlich doch ein Einsehen zu haben und mir meine Lebensaussichten einmal recht klarzumachen und seine Nichte – nicht unglücklich! Kurz gesagt, er hatte mich aufgefordert, meiner Braut ihr Wort zurückzugeben und dafür seiner – des Onkels – ewigen Freundschaft und Zuneigung gewiß zu werden. Und der Mann hatte in allem, was er sagte, recht gehabt, und er hatte nicht nur verständig, sondern auch gutmütig gesprochen. Ohne die geringste Leidenschaft und Zornmütigkeit hatte er mir seine und der Welt Meinung vorgetragen: er hatte nichts gegen mich einzuwenden – ich war ihm sogar sehr lieb und wert – und doch! Ich war eben nach Hause gegangen oder vielmehr getaumelt und hatte die Nacht über auf dem Stuhle vor meinem Bette gesessen und die Stirn mit beiden Händen gehalten – durch dieses verständige Zureden unfähig zu allem und jedem Überlegen und vernünftigen Überdenken: daß Johanne, meine arme, liebe Johanne, diese selbige Nacht durchweint habe, wußte ich dazu. Betäubt verstand ich den Prinzipal, der ebenfalls an Schlaflosigkeit litt, kaum, als er schon um fünf Uhr mit dem Nachtlichte in der Hand an meine Tür kam, um mir seinen neuen Herzenswunsch mitzuteilen und mir seinen Auftrag für den Tag zu geben. Verdrießlich ging er, nachdem ich ihn endlich begriffen hatte, seinen verbundenen Kopf schüttelnd, und ich hörte ihn noch auf der Schwelle deutlich genug murren:

›Auch der wird mir wieder mal unter den Händen zum Narren!‹

›Schreiben Sie dem Mädchen einen braven, ehrlichen, freundlichen Brief, in welchem Sie das Nötige mit etwas Poesie meinetwegen sagen. Ich will ihn abgeben und das Meinige, ohne Poesie natürlich, beimerken – und dann lassen Sie dem Jammer und meinetwegen auch sich selber in Ihrem Elend alle Zeit – es wird schon alles recht werden‹, hatte mir der Onkel vorigen Abend zum Beschlusse seiner schönen Rede geraten – und dabei sollte man denn nicht zum Narren werden!! – Das blühende Moos drei Meilen ab vom ›König David‹, dem Hause des Herrn Onkels und meiner Braut, war unter diesen Umständen in Wahrheit der einzige Trost, der mir in der Welt wuchs. Ein Tag wurde wenigstens durch den Weg und das Auszupfen für mich und mein armes Kind gewonnen, und wie sich der Mensch in seinen Nöten an den *einen* Tag, die *eine* Stunde, die *eine* Minute klammert, wer hätte das nicht schon in irgendeiner Weise erfahren?

Ich schlich selbstverständlich unter Johannes Fenster vorbei. Mein Mädchen erblickte ich nicht; aber den Onkel sah ich. Er stand mit der Pfeife hinter den Scheiben und schien nach dem Thermometer zu sehen; seine eigene Temperatur hatte sich seit gestern abend nicht verändert, denn er zog höflichst die Nachtmütze ab und erhob dabei den Zeigefinger. Der Gestus konnte nichts anderes bedeuten als: ›Vergessen Sie nicht, mein Bester, was ich Ihnen gesagt habe; ich bestehe darauf und weiß, was uns allen gut ist; – ich bin ein alter, erfahrener Kerl und kenne die Welt ein wenig genauer als ihr guten, jungen, leichtsinnigen, unerfahrenen Leute!‹ – Auch ich grüßte so höflich und submiß, wie ich noch nie einen Menschen gegrüßt hatte, und schleppte mich seufzend matt weiter durch den grauen Dunst des Herbstmorgens.

›O wie voll Dornen ist diese Werkeltagswelt‹, läßt der englische Poet Shakespeare eine seiner erdichteten Personen in einem seiner Stücke sagen. Ich habe diesen Poeten immer gern gelesen und besitze eine Übersetzung von ihm und habe mir vieles darin unterstrichen. Das Wort von den Dornen und der Alltagswelt fiel mir diesmal auf die Seele, und ich wiederholte es mir fort und fort bis auf die Berge hinauf. Freilich war mir jetzo die Welt nach allen vier Himmelsgegenden durch das dichteste Dornengestrüpp verwachsen, und daß es eine erbärmliche und in ihrer Gewöhnlichkeit tränenreiche Werkeltagswelt war, das konnten mir der Boden unter den Füßen und das Luftgewölbe über mir bezeugen.

Der Nebel blieb wohl hinter mir in den Tälern zurück; aber in meiner Brust nahm ich die Trübe auf die sonnigsten Gipfel mit empor. Ich schritt rasch zu und tauchte mehrmals das Taschentuch in einen kalten Waldbach, um es mir dann auf die heiße übernächtige Stirn und die fiebernden Schläfen zu drücken. Um sah ich mich nicht, und es ist ein Irrtum oder gar eine Lüge, wenn man behaupten will, daß einem unglücklichen oder von Not und Sorge bedrängten Menschen eine schöne Gegend und herrlich-erhabene Aussicht zum Heil und zur Genesung gereiche. Es ist einfach nicht wahr!

Im Gegenteil, nichts ist schlimmer für einen Kummervollen, Schmerzbeladenen als eine weite sonnenklare, in allen süßen Farben der Erde leuchtende Fernsicht, hoch von einer Bergspitze aus. Es ist arg und eigentlich furchtbar, aber es ist so: den Sturm, den Regen läßt man sich in der bösen Stimmung gefallen; aber die Schönheit der Natur nimmt man als einen Hohn, als eine Beleidigung und fängt an, alle sieben Schöpfungstage zu hassen.«

Der Pastor schüttelte hier bedenklich den Kopf; Fräulein Dorette Kristeller nickte zwar, aber sah doch auch ziemlich bedenklich und trübe drein; der Förster Ulebeule jedoch klopfte mit der Pfeife auf den Tisch und rief:

»Wahrhaftig, es ist etwas dran! Es ist bei mehrerem Nachdenken sogar ziemlich viel dran. Jeder Kümmerer – will sagen jedes durch einen alten Schuß oder durch Krankheit sieche Stück Hochwild will auch von der Pracht der Schöpfung, an der es in gesunden Tagen sein Wohlsein und seine Freude hat, nichts mehr wissen. Und wer viel Umgang mit den Tieren gehabt hat, der weiß, wie wenig der Unterschied zwischen ihnen und dem Menschen zu bedeuten hat in allen Dingen, die mit Erde, Wasser, Licht und Luft zusammenhängen. Ihr waret damals ein richtiger Kümmerer, Kristeller. Der Onkel hatte Euch nicht übel angeschossen, und manch einen in Euerer Lage hat das Schicksal bald darauf als tot verbellt.«

»Nun lasset uns weiter hören!« rief der geistliche Herr, und sie hörten weiter.

»Was mir selten in der mir so bekannten Gegend passiert war, hatte ich heute zu erleben; ich verlor mehrmals meinen Weg und fand ihn stets nur mit Mühe wieder. Die Lebensverwirrung und schlimme Ratlosigkeit war außer mir wie in mir; aber mein Pfad ging doch immer aufwärts, und einen Kompaß führte ich am Uhrgehänge glücklicherweise auch mit mir. So wand ich mich durch den Buchenwald und dann hinein in die Tannenwälder, an steilen Lehnen, von denen die wunderlichen Granitblöcke der Urzeit in wahrhaft gespenstischen Formationen herabgerollt waren, schräg in die Höhe. Dann ging es über kahle, gleichfalls mit wildem, phantastisch übereinander gestürztem Felsgetrümmer bedeckte Hochebenen – aus dem Nebel in das Sonnenlicht. Die Sonne schien um Mittag herbsthell, und ich holte Atem, auf meinen Weg und die durchwanderten

Täler zurückblickend. In den Tälern hielt sich der Nebel den ganzen Tag über, und als ich nach einer Ruhestunde weiterging, schlich er mir leise wieder nach und holte mich am Nachmittag, als ich den berühmten Platz, zu dem mein Prinzipal mich diesmal hingesendet hatte, zu Gesichte bekam, richtig wieder ein; aber freilich nicht mehr als der dichte Qualm der Tiefe, sondern als ein leichter, alles in ein Zaubertuch einwickelnder Dunst. Bei einer Wendung des Weges lag die unbeschreiblich grotesk zerklüftete Steinmasse – der Blutstuhl, vor mir da. Aus dem Tannendickicht vortretend, erblickte ich seine höchste Platte sechzig bis achtzig Fuß über mir, und langsam und ermüdet stieg ich nun noch über den mit kurzem Gras bewachsenen Boden, um im Schutze der untersten Blöcke Kräfte zu sammeln für das Suchen und Finden meiner seltenen Lichen-Art.

Ihr, Ulebeule, kennt den Blutstuhl. Es ist ein Labyrinth von Steinklötzen, das einen ziemlich bedeutenden Raum auf der Bergebene einnimmt. Viele der Gruppen führen wunderliche sagenhafte Namen, die höchste ist auf ausgewaschenen Treppenstufen zu erklimmen, und von ihr hat das ganze Geblöck seinen Namen, und in ältester heidnischer Urzeit unseres Volkes hat es denselben als Opferstelle vielleicht mit vollem Recht geführt.

Ich verzehrte vor allen Dingen trotz meiner trüben Seelenstimmung den mitgebrachten Proviant nicht ohne Appetit; dann begab ich mich an die Lösung meiner Aufgabe, die gar nicht so leicht war. Das winzige, kriechende Ding, das mein Alter in einem frischen Exemplare zu besitzen wünschte, wuchs keineswegs in jeder Spalte des Blutstuhles. Und mit den Erlebnissen des letzten Abends, den Bildern der schlaflosen Nacht und dem Onkel mit der Zipfelmütze am Morgen vor den schwimmenden Augen ließ sich auch schlecht suchen.

So kroch und kletterte ich zwischen dem Gestein herum: eine Flechte fand ich nicht; aber ich fand etwas anderes, nämlich ein Vermögen!«

»Ah!« sagte die Zuhörerschaft in dem Hinterstübchen der Apotheke Zum wilden Mann.

»Mühselig in meiner vergeblichen Bemühung hatte ich mich so ziemlich bis an die Basis der oberwähnten abgeplatteten Gipfelsmasse, der eigentlichen Opferklippe, emporgearbeitet, als plötzlich ein Mensch, wie es schien im hastigen Aufklimmen von der entgegengesetzten Seite her, auf der Platte erschien und einen Schrei ausstieß, der mich erschreckt zurückfahren ließ. Die Gestalt, vom Dunst wie alles umher leicht verschleiert, warf die Arme empor, griff mit beiden Händen in die Haare und fiel mit einem neuen Aufschrei erst in die Knie und dann ganz zu Boden. Ich stand und hielt mich zitternd an dem nächsten Granitblocke, und es dauerte einige Zeit, ehe ich mich so weit gefaßt hatte, um mir die Frage vorzulegen: Was ist das?

Ja, was war das? Was konnte das sein? Ein Betrunkener? Ein Wahnsinniger? Ein Epileptiker? Ein lebensmüder Unglücklicher, der sich diesen Ort ausgesucht hatte, um gerade jetzt daselbst zu Ende zu kommen mit sich? Alle diese Vorstellungen schossen mir nun blitzschnell nacheinander durchs Gehirn; aber von der Höhe der Opferklippe kam keine Antwort auf meine Frage. Und es ist deine Pflicht nachzusehen, was und wer es ist! rief es in mir. Mit zusammengekniffenen Lippen, fest aufeinandergesetzten Zähnen faßte ich Mut, packte meinen Wanderstock fester, um im Notfall auch auf einen Angriff gerüstet zu sein, und stieg langsam und vorsichtig die Steinstufen hinauf, die auf die heilige Opferstelle unserer Vorfahren führten. Scheu und behutsam hob ich das Kinn auf die Platte: da lag er! – Langausgestreckt, bewegungslos, das Gesicht auf den Stein gedrückt, lag der Unglückliche da, und rasch sprang ich meinerseits nun hinauf, trat zu ihm, faßte ihn an der Schulter, sprach ihm zu, und nach einer Weile erhob er auch das Gesicht und stierte mich an.

Jetzt schrie ich fast, wie er vorher. Es war mein Kamerad, mein geheimnisvoller Freund, mein botanischer Wissenschaftsgenosse, und zwar mit Zügen so verstört, so von Schmerz, Angst und Zorn verwüstet, daß ich es euch wahrlich nicht, wie es war, schildern kann.

Langsam, wirklich wie aus einem epileptischen Zustande sich erhebend, stand er auf, sah mich blind und meinungslos an, bis ihm nach und nach das Bewußtsein von Ort, Zeit und Zustand zurückkam.

›Philipp!‹ sagte er tonlos.

›O August!‹ rief ich.

›Seid Ihr es, der mich hier gefunden hat?‹

›O, und Ihr – was habt Ihr? was ist Euch geschehen? Ich möchte Euch so gern helfen.‹

›Und könnt es ganz und gar nicht. Es wäre besser, Ihr ginget und ließet mich hier, wie Ihr mich fandet. Ich bin für keines Menschen Gesellschaft mehr tauglich.‹

Er sprach dieses alles so vernünftig, so gesetzt und ruhig, daß seine Verstörung mir dadurch nur noch herzzerreißender in die Seele drang. Ich wollte seine Hand fassen, doch er zog sie schnell und wie ergrimmt zurück und schrie:

›Nein, nein! das ist zu Ende, Herr – Herr Kristeller! Ich habe heute mit dieser Hand mein Schicksal besiegelt und werde sie niemandem mehr als Zeichen der Freundschaft, der Zuneigung, der Liebe geben. Haltet mich nicht für einen Narren – o ich wollte, ich wäre es; aber ich bin es nicht! Seit drei Tagen wäre es mir eine Wohltat, wenn die letzte Faser, die den Geist noch an euere Welt – euere Alltagswelt bindet, abrisse und wenn man mich fände, wie man sonst wohl schon arme irre, verlorene Menschen in der Wildnis gefunden hat. Kein anderes Gesicht wäre mir heute so lieb gewesen als das deinige, Philipp; aber meine Hand gebe ich dir doch nicht. Sieh da rundumher, sieh, wie die Städte und Dörfer ausgestreut sind; – sieh, alle diese hunderttausend Menschenwohnungen sind mir von jetzt an verschlossen: ich habe keinen Verkehr mit euch mehr, ich bin allein; es gibt keinen andern Menschen mehr auf Erden, der so allein ist wie ich!‹

›Aber ich bin da, mich hat das Schicksal grade zu dieser Stunde zu dir geführt, um bei dir zu bleiben! Meine Braut, mein Mädchen habe ich verloren, oder sie soll mir doch genommen werden. Mir ja auch verschließt sich die Welt. Laß uns einander zum Rat und Trost sein!‹

Nun war es, als ringe er in der Tiefe seiner Seele mit einem gewaltig starken Gegner, und dann war es, als ob er dem Feinde obgesiegt habe, und dann war es, als stehe er triumphierend mit dem Fuße auf der Brust des Niedergeworfenen. Er knirschte mit den Zähnen und rieb sich die rechte Hand, als sei sie feucht und er müsse sie trocknen. Zuletzt sah er mich scharf und kalt an und sagte leise:

›Lieber Herr, Sie können mir doch von keinem Nutzen sein. Ich bitte Sie, sich keine Mühe zu geben. Sehen Sie, Kristeller, ich habe nie in meinem Leben anders gesprochen, als meine Meinung war. Auch ist heute Methode in meinem Wahnsinn gewesen; ich habe mich nicht ohne eine gewisse Absichtlichkeit auf diesem kalten und harten Steine niedergeworfen. Mein Herzblut ist durch diese Rinne niedergelaufen, wie einst das Blut der fränkischen Gefangenen aus dem Heerbann des Kaisers Karl durch dieselbe niederrieselte. Übrigens bin ich allein und will allein sein. Gehen Sie, bester Herr, ich verstehe Ihre Gefühle, Ihre gute Gesinnung gegen mich vollkommen, und wir wollen auch sicherlich einander treu im Gedächtnis behalten – leben Sie wohl, Philipp Kristeller.‹

Das war kühl und abstoßend genug, aber ich war auch Psycholog genug, um zu wissen, aus welchem ganz anders bewegten Grunde dieser Ton heraufquoll. Es ging nicht an, den Unglücklichen vor das Gericht der Eigenliebe zu ziehen und mit einem: So empfehle ich mich denn höflichst – umzudrehen und geärgert nach Hause zu laufen.

›Es ist ja möglich, daß wir heute für immer Abschied voneinander nehmen müssen‹, sagte ich; ›aber weshalb sollen wir es denn in dieser Art tun?‹

Da brachen dem andern die Tränen aus den Augen.

›Nein, nein‹, schluchzte er, ›du hast recht, es ist doch nicht die rechte Art!‹

Er warf mir die Arme um den Hals und küßte mich und schien mich nun nicht von sich lassen zu können.

›Lebe denn wohl, du Guter, – denke nur an mein Elend und nichts anderes an mir! Sieh mir nicht nach; du sollst noch einmal von mir hören, Philipp! Lebe wohl, lebe wohl!‹
So hielten wir uns lange, und dann schieden wir in der Tat voneinander. Ich habe ihn nicht wiedergesehen; aber gehört habe ich freilich noch einmal von ihm – er hat mir einen Brief geschrieben, und ich bin seit dreißig Jahren der Besitzer der Apotheke Zum wilden Mann!«

Sechstes Kapitel

Der Pastor und der Förster hatten sich auf ihren Stühlen zurückgelehnt und blickten nach der Decke. Die Schwester hatte die Hände im Schoße zusammengelegt und sah auf den Bruder; man hörte den Sturmwind einmal wieder recht deutlich, und nachdem man lange genug geschwiegen hatte, sprach der Förster, wie es schien, um etwas zu sagen:
»Es wird jetzo auch um den Blutstuhl tüchtig pfeifen und sausen.« Sonderbarerweise fügte er dann hinzu:
»Einunddreißig Jahre sind eine lange Zeit!«
»Freilich!« sagte der geistliche Herr, wendete sich dann an den nachdenklichen Hausherrn und fragte:
»Und Sie haben gar keine Ahnung, was *er* seines Zeichens war und wie er eigentlich hieß?«
»Entschuldigen Sie, meine Herren«, erwiderte Herr Philipp Kristeller und ging zum letztenmal in dieser Nacht, um seinen Archivschrank in seiner Offizin zu öffnen. Mit einem einzelnen Briefe in einer weiten, sonst leeren Hülse kam er zurück, reichte das mit mehreren Poststempeln und fünf abgebröckelten Siegeln bedeckte Kuvert dem Förster Ulebeule und den Brief dem Pastor Schönlank, setzte sich langsam, legte die Hand über die Augen, brachte seine Pfeife von neuem in

Brand und wartete ruhig die Wirkung der Papiere auf die Hausfreunde ab.

»Inhalt – neuntausend – fünfhundert Taler in Staatspapieren!« murmelte der Förster. »Frei! – Herrn Philipp Kristeller! –«

»Sehr wunderbar!« rief der Pfarrer seinerseits, das Begleitschreiben überfliegend. »In der Tat ein seltsamer Brief! Eine rätselhafte, mysteriöse Sendung!«

»Zum Henker, so lesen Sie doch laut!« rief der Förster, und der Pastor las laut:

»Ein Mann, der den Willen hat, sein Leben von vorn anzufangen, entledigt sich hier seiner schwersten und verdrießlichen Last und schickt dem Freunde das einliegende Geld. Es verschwindet einer und hinterläßt keine Spur; es ist unnötig und vergeblich, ihm nachzuforschen und nachzurufen. O Philipp und Johanne, nehmt, was ihn nur niederziehen würde in die Tiefe. Gründet ein Haus, das feststeht und glückliche, fröhliche Kinder in seinen Mauern aufwachsen sieht. Lebt wohl, ihr guten Freunde – lebt wohl! – Philipp Kristeller, es grüßt dich – auf dem Wege zurück zu den Menschen,

der Narr vom Blutstuhl.

Hamburg, am 30. Oktober 183-«

Der Pastor legte den Brief stumm auf den Tisch, Ulebeule schlug auf den Tisch, daß sämtliches Gerät emporhüpfte und die Gläser scharf und bedrohlich zusammenklirrten:

»Donnerhallo! Na, das muß ich sagen! Na, da bitte ich zu grüßen!«

»Und Ihr habt, selbst mit diesem Schreiben in der Hand, damals nicht gemeint, dieses alles zu träumen, alter Freund?« fragte der Pastor.

»Tagelang, wochenlang bin ich wie ein Träumender herumgegangen, nicht nur mit dem Briefe, sondern auch mit dem Gelde in der Hand. Und es waren die nüchternsten Staatspapiere und Landesschuldverschreibungen von verschiedener Herren Ländern! Sie verwandelten sich nicht über Nacht in gelbe Klettenblätter –

sie gingen mir nicht vor der Nase im gespenstischen Dampfe auf – sie waren echt und hatten ihren Kurs, und die Bankiers waren gern erbötig, mir sie umzutauschen oder einzuwechseln: ich aber trug sie nebst dem Briefe zu meiner Braut und fragte die, wie ich mich gegen dieses alles zu verhalten habe, – den guten Onkel ging ich fürs erste noch nicht um seinen guten Rat an. Auch Johanne hatte natürlich zuerst eine Art von Schrecken zu überwinden; dann aber sagte sie mir verständig und ruhig ihre Meinung, und ich bin derselben gefolgt.

›Dein Freund hat mir leid getan und ein Bangen erregt durch sein Wesen; aber nie ein Grauen, als ob er ein schlechter, ein böser Mensch sei. Ich habe ein großes Mitleiden mit ihm gehabt und hätte ihm gern helfen mögen in seinem Unglück. Aber sieh, Philipp, er hat mir auch immer den Eindruck gemacht, als ob er stets genau überlege und wisse, was er sage und tue. Er hat in seiner Melancholie einen klugen, klaren Kopf; und was uns jetzt so wunderlich scheint und aller Welt als eine Verrücktheit vorkommen würde, das hat er auch bedacht und sich zurechtgelegt, und er wird sicher das Beste für sich gefunden haben. Ich glaube, du darfst das Geld nehmen und es versuchen, dein Glück darauf zu bauen. Wir wollen es verwalten wie ein Darlehn, Philipp; wir wollen dem Geber täglich seinen Stuhl an unsern Tisch setzen, wir wollen stets den besten Platz für ihn frei halten; wir wollen ihn von einem Tage zum andern erwarten, und – dem Onkel wollen wir von einer Erbschaft sprechen, und du kannst das nur gleich tun; ich nehme die Verantwortung für die kleine Notlüge gern auf mein Gewissen.‹

Seht, Nachbarn, das ist denn der Grund, weshalb der Sessel da stets leer steht, weshalb immer ein Platz an meinem Tische offengehalten worden ist, diese ganzen letzten einunddreißig Jahre durch; der Freund ist aber bis heute nicht zurückgekehrt! Mein Leben von meiner Ankunft unter euch kennt ihr – ihr wißt, wie ich diese bereits zweimal in Gant geratene Offizin übernahm und wie es mir in schwerer Arbeit glückte, den Platz zu behaupten, der meinen Vorgängern so gefährlich geworden war. Ihr wißt aber auch –«

»Welch einen großen Schmerz du zu erdulden hattest, Bruder?« rief die alte Schwester leidenschaftlich erregt.

»Nein, nein, sie haben wohl davon gehört; aber das rechte Wissen haben sie doch nicht davon.«

»Es war sehr traurig, Fräulein Kristeller«, sprach der Pastor, und Ulebeule seufzte schwer und murmelte:

»Jaja; aber Ihr seid nicht der erste, Philipp, dem solcherart das Glas vor dem Munde weggeschlagen wird.«

»Das Haus stand; aber die Braut, die junge Frau sollte nicht einziehen. Sie starb an dem Tage, auf welchen die Hochzeit festgesetzt war, und an ihrer Stelle habe ich meinem armen Bruder die Wirtschaft geführt, diese dreißig Jahre hindurch, dieses Menschenalter, von welchem an diesem stürmischen Abend so viel die Rede gewesen ist.«

»Und wir haben unsere Tage in der Stille doch gut verlebt«, sagte der Apotheker Zum wilden Mann wehmütig lächelnd. »Wir sind in Frieden grau geworden, und der Sturm, der vor dem Fenster vorbeibraust, kümmert uns wenig mehr. Der freie Stuhl ist leer geblieben, und der, für welchen der Sitz aufbewahrt wurde, hat seine Ruhe wohl auch gefunden, an einem andern Orte weit in der Fremde, hoffentlich nachdem er sich, wie er in seinem wilden Briefe da sagt, zu den Menschen zurückgefunden hatte. Wir aber, die wir hier miteinander alt geworden sind, wir wollen in Treue und guter Gesinnung auch fernerhin beieinanderbleiben und kein Ärgernis aneinander über die nächste Begegnung hinaus weitertragen.«

»Das wollen wir!« sprachen beide Männer wie aus einem Munde.

»Gewiß, gewiß«, sagte das Fräulein.

Siebentes Kapitel

Der Regen hatte augenblicklich aufgehört; aber der Wind war dafür um ein ziemliches heftiger geworden. Nach dem, was da erzählt worden war, ließ sich ein gleichgültiges Gespräch nicht leicht anknüpfen, und doch fühlte jeder das Bedürfnis dazu im hohen Grade. Als Ulebeule sich endlich zusammennahm und kläglich sagte: »Es ist doch ein tüchtiger Wind!«, machte Fräulein Kristeller freilich die dazu gehörende Bemerkung: »Ach ja – und die armen Leute, die jetzt auf dem Wasser sind!« Aber das Gespräch war damit doch wieder zu Ende und fiel kläglich zu Boden. Herr Philipp hatte seinen schicksalvollen Brief wieder in das gelbgewordene Kuvert geschoben und trat eben mit demselben in die Tür seiner Offizin, als er stehenblieb und rief:

»Da ist der Doktor!«

»Der Doktor!« riefen aufatmend und mit glatt auseinander sich legenden Mienen alle ihm nach. »Der Doktor! Richtig, er wird es sein.«

Er war es. Man vernahm draußen vor den Fenstern der Offizin, nicht des Hinterstübchens, Rädergeknarr, das Stampfen eines Gaules, Peitschengeknall und dazwischen eine laute, joviale Stimme:

»Holla, heda! Giftbude! Lichter an die Fenster! Bist du da, Friedrich, so reiß das Scheunentor auf und leuchte, daß wir die Karrete und uns aus der Sündflut und dem sonstigen Orkane in Sicherung bringen!«

Das alte Fräulein lief schnell hinaus und dem gern gesehenen dritten Hausfreunde entgegen. Behaglicher lehnten sich der Förster und der geistliche Herr auf ihren Stühlen zurück. Der Apotheker stand lächelnd mit seinem vergilbten Briefe in der Hand da und horchte mit den andern. Schon hörte man jetzo auf der Hausflur des Doktors lustige Stimme, dazwischen die Stimme Dorotheas, und dann sprach noch jemand darein, gleichfalls kräftig-heiter.

»Er kommt nicht allein. Er bringt uns einen Gast oder

sich einen Patienten mit«, sprach der Apotheker Zum wilden Mann, und sofort zeigte es sich, daß das erstere der Fall war. Weit flog die Tür, die von der Hausflur in das bilderreiche Hinterstübchen führte, auf, und mit dem Landphysikus Dr. Eberhard Hanff trat der Gast ein, höflich auf der Schwelle um den Vortritt sich mit Fräulein Dorothea bekomplimentierend.

»Keine Umstände, Herr Oberst«, rief der Doktor, den ältlichen, breitschultrigen, stattlichen alten Herrn mit dem schneeweißen Haar, den schwarzen scharfen Augen im muntern tiefgebräunten Gesichte weiter vorschiebend. Und ohne alle weitern Umstände stellte er vor:

»Colonel Dom Agostin Agonista – im Dienste Seiner Majestät des Kaisers von Brasilien – von mir aufgegriffen auf dem Weg zum wilden – ach, Herrje, Punsch?! – O Oberst, habe ich es nicht gesagt? Fräulein Dorette, Sie wissen meine Gefühle und Gemütsstimmungen doch immer auf drei Meilen Weges hinaus zu ahnen – Punsch!! Die Herren werden sich dem Herrn Oberst am besten selber bekannt machen. Ach, Fräulein Dorette, je bösartiger die Witterung, desto inniger die Ahnung Ihrerseits – erlauben Sie mir, daß ich Ihnen die Hand küsse.«

»Lassen Sie das dumme Zeug nur und hängen Sie lieber Ihren Mantel an den Haken«, sprach die Schwester des Apothekers, »der Herr Oberst ist uns sehr willkommen, und wir bitten höflichst, Platz zu nehmen.«

Der Landphysikus pflegte die Leute, die er dann und wann auf seinen Berufswegen »als Gäste aufgriff« und in irgendein beliebiges Haus mit sich nahm, stets in einer ähnlichen Weise vorzustellen und sie dadurch gewöhnlich in nicht geringe Verlegenheit zu bringen. Der brasilianische Oberst jedoch ließ sich nicht so leicht in Verlegenheit setzen. Er wendete sein munteres, vernarbtes altes Soldatengesicht heiter und hell im kleinen Kreise umher und sagte mit dem leisesten Anhauch eines fremdartigen Akzentes:

»Meinerseits nenne ich dieses einen raschen Überfall,

meine Dame und meine Herren, und bitte sehr um Entschuldigung wegen dieses nächtlichen Eindringens. Der Herr Doktor fand mich freilich in einer höchst erbärmlichen Schenke am Wege durch den Sturm und die Nacht festgehalten hinter dem Tische und hat in der Tat in der freundlichsten Weise den barmherzigen Samariter gespielt. Er nahm mich in seinen Wagen auf und bot mir ein besseres Nachtquartier in dieser Ortschaft an. Ich folgte ihm gern, und dann hielt er vor diesem Hause an – um einen ›Kristeller‹ zu nehmen, wie er sagte –, auf einen Moment, wie er sagte, und ich kam mit ihm herein, um auch einen ›Kristeller‹ zu mir zu nehmen, und mein Name ist wirklich Agonista, und ich bin Oberst in brasilianischen Diensten.«

»Mein Name ist Kristeller; aber der Doktor, mein lieber Freund, nennt einen Likör so, dessen Erfindung mir gelungen ist, Herr Oberst«, sagte der Apotheker. »Übrigens ist uns allen hier Ihr Eintritt in unsern kleinen Kreis eine Ehre und ein großes Vergnügen.«

Der Pastor und der Förster sprachen nun gleichfalls ihre Befriedigung über die zeitgemäße Ankunft des interessanten Fremden aus. Man schüttelte sich die Hände und schob von neuem die Stühle an den Tisch.

»Oh – Fräulein Dorette, ich habe Ihnen wie gewöhnlich mein Kompliment zu machen!« rief der Landphysikus Dr. Eberhard Hanff, in Ekstase nach einem langen Zuge die Nase aus dem Dampfe des Getränkes des Abends in die Höhe hebend. »Finden Sie jetzt nicht auch, Colonel, daß wir hier besser aufgehoben sind als dort in der Kneipe Zum Krug ohne Deckel oder wie die Räuberhöhle sonst heißt? He, und wie wehrte und sperrte man sich gegen das bessere Verständnis eines landkundigen Mannes!«

»Es ist gewiß besser hier«, sagte der Soldat mit einer Verbeugung gegen die Schwester des Hausherrn. »Man wehrt sich oft gegen sein Glück, Senhora, – man sollte es nicht tun.«

Die übrigen gaben dem Oberst natürlich recht, und dann redete man ebenso selbstverständlich von neuem eine geraume Zeit über das Wetter; doch dann auch über die Wege, über die Wegschenke, in welcher der Doktor den Fremden gefunden hatte, über die Gegend im allgemeinen und besondern, über das frühe Abziehen der Zugvögel in diesem Jahre, über dieses und jenes: nur der Apotheker Zum wilden Mann nahm an dieser Unterhaltung wenig Anteil.

Er, Philipp Kristeller, saß seinem brasilianischen Gaste gegenüber. Den alten Brief hatte er nicht wieder in sein Pult verschlossen, sondern, durch die plötzliche Ankunft des Doktors und des Fremden daran gehindert, ihn wieder mit sich gebracht und auf dem Tische von neuem vor sich niedergelegt. Er stützte jetzt den Ellenbogen darauf und lächelte in das Gespräch der übrigen hinein, doch wie abwesend und den eigenen Gedankengespinsten nachgehend. Daß der so plötzlich und unvermutet in seinem stillen Hauswesen erschienene ausländische Herr seine innere Erregung vermehrte, konnte man nicht sagen, doch richtete er, der Hausherr, dann und wann verstohlen forschend den Blick auf den Gast; und die Antworten, die er sodann auf an ihn gerichtete Fragen gab, waren noch um ein weniges zerstreuter.

Der Arzt erkundigte sich zuerst scherzhaft nach dem Grunde, und Ulebeule antwortete für den Apotheker.

»Laßt ihn, Medikus, hat sich der Bär erniedrigt, so wird er sich wohl bald um so mehr erheben; denn wozu hat er seine Hinterpranken sonsten? fragt man in Polakkien. Wäret ihr eine Viertelstunde früher gekommen, so hättet ihr uns alle insgesamt in einer noch viel kuriosern Stimmung angetroffen. Wie die Hasen ihre Hexensteige durchs Korn, so haben wir uns an diesem Abend unsere Wege durch die angenehme Unterhaltung gebissen. O, wir haben seltsame Historien vernommen!«

»Ulebeule!« rief der Apotheker; doch der Förster war in seinem Eifer nicht imstande, auf den Ruf zu hören.

»Ich sage Ihnen, Doktor, es ist ein Jammer und Schade, daß Fräulein Dorettes Punsch Sie und den Herrn Oberst nicht ein wenig früher angeludert hat. Wie Federwild sind die merkwürdigsten Geschichten um uns her aufgestoben. Wir wissen jetzt, weshalb sich dreißig Jahre lang keiner von uns in diesen Lehnstuhl da hat setzen dürfen; – wir wissen, in welcher Weise unser Freund Philipp bei uns ankam, – wir haben viel gehört von Liebe und Tod, von wilden Männern und alten Geldbriefen, wie nicht jedermann solche von der Post zugeschickt kriegt. Waren Sie jemals in Ihrem Leben auf dem Blutstuhle, Doktor?«

»Ulebeule?!» rief jetzt auch der geistliche Herr, und diesmal hörte der Förster.

»Nun, nun – jaja, Ihr habt recht!« brummte der redselige Weidmann kleinlaut. »Nehmt's nicht übel, Kristeller, da Ihr selber so vertraulich waret –«

Herr Philipp füllte freundlich dem biederen Hausfreunde das Glas und reichte ihm die Hand; doch nun sagte der Doktor Hanff:

»Zu den kuriosen Geschichten sind wir, die wir unsererseits dergleichen vielleicht auch dann und wann erlebten, diesmal zu spät gekommen. Aber eine Frage erlaube ich mir doch: Habt ihr diesen guten Trunk hier jener Historien wegen etwa zusammengebraut?«

Der brasilianische Oberst Dom Agostin Agonista, der die ganze Zeit hindurch mit nachdenklichen Augen auf den leer stehenden Ehrensessel geschaut hatte, sah jetzt scharf auf und hell und heiter im Kreise umher, zuletzt am schärfsten auf den Herrn des Hauses. Währenddem antwortete der Pastor dem Physikus und den forschenden Blicken des Colonels zugleich mit:

»Sie sind zu einem ebenso freudigen wie ernsthaften Gedächtnisfeste grade noch zur rechten Zeit gekommen, lieber Doktor. Unser Freund Kristeller sitzt heute grade dreißig Jahre hier in diesem Hause Zum wilden Mann, Herr Oberst. Er ist uns und allen Bewohnern der Gegend weit und breit ein lieber, treuer Freund und Helfer ein ganzes Menschenalter durch gewesen; den Punsch hat uns Fräulein Dorothea improvisiert, und Ihre Einladung würden Sie zu Hause vorgefunden haben, lieber Doktor.«

»Den Umweg habe ich mir demnach gespart«, lachte

der Landphysikus. »Mein Herr Vater verwunderte sich gleich über meine verständige Nase, als die Wickelfrau mich ihm auf die Arme legte.«

Noch eine Bemerkung über seinen Hausschlüssel anfügend, sah der Humorist des Ortes von einem zum andern, aber man lächelte diesmal nur, man lachte nicht mit oder hielt sich gar vor Lachen am Tische. Am vergnügtesten sah noch der Oberst aus, und dieser erhob nunmehr auch sein dampfendes Glas und sprach:

»So erlaube ich mir denn, als wie vom Himmel in diese Behaglichkeit hineingefallener Fremdling gleichfalls auf diesen schönen und wichtigen Gedenktag und Abend zu trinken. Dreißig Jahre sind eine lange Zeit; manches wird darin anders – Gesichter und Meinungen. Und meine gnädige Dame und meine guten Herren, auch ich kann heute ebenfalls ein mir sehr merkwürdiges und folgenreiches Gedächtnisfest feiern; – auch mir sind heute gerade dreißig Jahre vergangen, seit ich zum ersten Male im Feuer stand, und zwar an Bord der chilenischen Fregatte ›Juan Fernandez‹ gegen den ›Diablo blanco‹, den weißen Teufel, ein Schiff der Republik Haiti, um am folgenden Morgen mit einem Holzsplitter in der Hüfte und einem Beilhieb über die Schulter im Raume des Niggerpiraten aus der Bewußtlosigkeit aufzuwachen!«

»Wozu man freilich heute noch gratulieren kann«, brummte der Doktor, während die andern auf andere Weise ihr Interesse und Mitgefühl kundgaben.

»Wozu ich mir ganz gewiß heute noch Glück zu wünschen habe«, sagte der tapfere alte Krieger, »denn in diesem gottverdammten Schiffsraume, dem schwärzesten, stinkendsten Loche, da je auf dem Wasser schwamm, lernte ich einen Arzt kennen, der eine Kur an mir verrichtete, wie sie keinem europäischen Mediziner gelungen wäre –«

»Das wäre der Teufel!« rief der europäische Physikus.

»Der war es sozusagen auch«, sprach gelassen der brasilianische Oberst, »und er klopfte mich auf die Schulter und sagte: ›Senhor, eine Zeitlang hat jedermann auf

Erden das Recht, den Narren zu spielen, nur darf er das Spiel nicht über die gebührliche Zeit fortsetzen, er macht sich sonst lächerlich; Ihr gefallt mir, Senhor, und ich meine es gut mit Euch – diesmal kommt Ihr noch mit dem Leben davon; erinnert Euch meiner und ruft mich, wenn Ihr mich braucht; ich stehe immer an Euerm linken Ellbogen.‹ – Meine Herrschaften, das Ding verhielt sich wirklich so, und ich habe den Schwarzen jedesmal, wenn ich ihn nötig hatte, gerufen und mich stets wohl dabei gefunden. Vorher war's mir herzlich schlecht in der Welt gegangen, und ich hatte mich recht übel darin befunden.«

Der geistliche Herr rückte ein wenig ab und von dem sonderbaren Gaste, Fräulein Dorothea Kristeller murmelte:

»Ei, ei! hm, hm«; – der Apotheker sagte noch immer nichts; aber Ulebeule rief entzückt:

»Das ist ja aber heute wie ein Abend aus dem Tausendundeinenacht-Buche! Wir sind drin im Erzählen, und wenn's nach mir geht, bleiben wir bis zum Morgen dabei. Lieber Herr Oberst, unser alter Philipp da hatte vom Anfange an auch nicht die Absicht, uns alles das, was er uns berichtet hat, zu beichten; er geriet nur so ganz allgemach auf die Fährte, und wir haben ihn nur durch gute Ermunterung darauf gehalten. Herr Oberst, nehmen Sie sich gütigst ein Exempel und erzählen Sie weiter von den Mohren. Der Abend ist ganz darnach; – was meinen Sie, Pastore?«

Der Pastor war wieder zugerückt und bot dem fremden Kriegsmann die Dose.

Dom Agostin Agonista lächelte gutmütig und sagte vergnügt:

»Ich weiß nicht, was für wilde Historien unser freundlicher Herr Hospes von sich erzählt hat; mein Leben ist sicherlich ins Wilde geschossen und hat Früchte gebracht, die auf jedem Markte Verwunderung erregen müssen. Zuerst wucherte das Gewächs phantastisch ins Kraut, und mehr als ein Botanikus wartete mit Spannung auf die überirdischen Blüten und Früchte. Jawohl!

Der große Hurricane kam, der Wind und Sturm über Land und See, – die Blätter wurden weggefegt, die Blüten, oder was so aussah, dito. Endlich fand sich so ungefähr drei bis vier Fuß unter der Erde etwas, was mit der Kartoffel einige Ähnlichkeit hatte, – allerlei Knollen durch Fasern aneinanderhängend – ungenießbar, zäh, ein abgeschmacktes Produkt der alten Mutter Erde. Dazu hat man es denn gebracht, meine Herrschaften, und der einzige Trost ist nur, daß eben nicht jeder nach seiner Wahl ein Pomeranzen- oder Palmenbaum werden kann. Je früher aber der Mensch herausfindet, in welche Klasse er nach Linné oder Buffon gehört, desto besser ist es für ihn und desto schneller kommt er zur Ruhe und zur Zufriedenheit mit seinen Zuständen. Solange er's noch nicht heraus hat, spuckt er Gift und Galle in den schönsten Sonnenschein hinein und macht Brüderschaft mit dem Schneegestöber und Winterwinde. Ich halte das auch für eine Philosophie, Herr Kristeller.«

»Das ist es auch, Herr Oberst«, sagte Herr Philipp. »Solange aber der Mensch jung ist, findet er die große Wahrheit selten. Ja, viele – die meisten finden sie nie und glauben an ihre Palmbaumberechtigung bis zum Ende.«

»Und das ist ein Glück«, rief der wetterfeste, philosophische Kriegsmann, »denn ohne diese glückliche Illusion würde die ganze Menschheit doch nichts weiter sein als ein sich elend am Boden hinwindendes Geschling und Gestrüpp. Übrigens sind die Kartoffeln und die Trüffeln gar nicht zu verachten.«

»Aber mit dem Mohrenschiff und dem schwarzen Satan, der den verehrten Herrn Oberst so zutraulich auf die Schulter klopfte, hat dieses alles doch eigentlich nicht das geringste zu schaffen – nicht wahr?« fragte Ulebeule.

»Bravo, Förster!« rief der Doktor. »Ihr seid und bleibt ein hirschgerechter Weidmann. Tajo! Tajo! Ihr laßt Euch wahrlich nicht von der Fährte abbringen. Geben Sie sich nur drein, Oberst, und erzählen Sie uns von dem Mohrenschiffe und Ihren sonstigen spaßhaften und ernsthaften Erlebnissen. Die Nacht ist schwarz genug dazu, und wir sind ganz Ohr.«

Nun schien der richtige Ton für die folgende Unterhaltung gefunden zu sein; aber in demselben Moment jagte der Colonel Agonista alle, nur den Hausherrn nicht, in hellster Überraschung, ja im jähen Schrecken von den Stühlen empor.

Er hatte sein Glas erhoben und sagte jetzt langsam und ruhig:

»Lassen Sie uns anstoßen auf das Wohl aller wetterfesten Herzen, gleichviel ob sie ihre Schlachten innerhalb ihrer vier Wände durchfechten oder durch Blut und Feuer über den halben Erdball herumgeworfen werden. Kennst du micht nicht mehr, Philipp? Kennst du mich wirklich nicht mehr, Philipp Kristeller?!«

Der Apotheker Zum wilden Mann hatte den alten Geldbrief, der bis jetzt unter seinem Ellenbogen gelegen hatte, gefaßt und in der zitternden Hand zusammengeknittert. Seit fünf Minuten schon wußte er, wer sein Gast war, und der Oberst Dom Agostin Agonista hatte das auch gewußt. Nun aber griff die Schwester zu und stützte den Bruder; der Oberst faßte ihn von der andern Seite, und so erhob er sich jetzo mühsam wie die übrigen, legte beide Arme dem Gaste um die Schultern, legte ihm das Gesicht an die Brust und stöhnte:

»Nach einem Menschenalter also!«

Der Doktor, der Pastor und der Förster verwunderten sich, ein jeder auf seine Manier, und es währte eine ziemliche Weile, ehe jedermann wieder Platz genommen hatte.

Endlich saßen sie wieder, der Oberst aber nicht auf dem ihm so lange Zeit aufbewahrten weichen Ehrenplatze. Dom Agostin hatte, nachdem er die Ehre zuletzt fast grob zurückgewiesen hatte, mit zierlicher, drängender Höflichkeit Fräulein Dorette Kristeller in den Lehnstuhl niedergesetzt, und diese behielt denn auch den Platz, nachdem sie ihren Protest eingelegt hatte.

»Gegen die Gewalt kann ich nicht an, Herr Oberst, aber behaglich sitze ich hier wahrhaftig nicht, und in die Wirtschaft muß ich auch jeden Augenblick hinaus.«
Das war richtig. Die chinesische Bowle mußte noch zweimal im Verlaufe der Nacht gefüllt und das Gastzimmer ebenfalls doch auch für den geheimnisvollen, abenteuerlichen Freund hergerichtet werden. Dazwischen erzählte der alte Soldat, ohne sich im geringsten zu sperren, dem »Wilden Mann« *seine* Geschichte. Was darin zutage kam, hätte jeden Tisch voll Philister (unter andern Umständen) bewogen, erst von dem muntern Erzähler leise abzurücken, dann nach und nach mit den Gläsern und Pfeifen sich nach einem andern Platze umzusehen und dann – bis zum Nachhausegehen – von dem neuen Stuhl aus verstohlen, furchtsam und verblüfft über die Schultern nach dem unheimlichen, fidelen alten südamerikanischen Burschen hinzustieren.

Achtes Kapitel

Das kahle Gezweig kratzte nicht mehr so ärgerlich wie vorher an den Fensterscheiben des Hinterstübchens in der Apotheke Zum wilden Mann. Der Förster Ulebeule hatte den Kopf in die Nacht hinausgesteckt, ihn zurückgezogen und den im Zimmer Anwesenden die tröstliche Versicherung gegeben:
»Es klärt sich richtig auf. Man sieht die Sterne durchs Gewölk. Der Wind hat ordentlich über unsern Köpfen und Schornsteinen aufgeräumt. Ich kenne das und wette, daß wir morgen einen ganz klaren Tag haben werden.«
Dies fiel in die Pause nach dem wundervollen Ereignis und Wiederzusammenfinden in der Apotheke Zum wilden Mann.
Philipp Kristeller hatte bis jetzt die Hand seines Wohltäters noch nicht losgelassen. Die beiden alten Freunde

saßen nebeneinander, und der Oberst hielt spielend in der Linken den Brief, den er vor einunddreißig Jahren in der Lebensverzweiflung geschrieben und mit 9500 Talern in Staatspapieren für den botanischen Studiengenossen beschwert hatte. Jetzt zum erstenmal entzog er die rechte Hand dem Freunde vom Blutstuhle, warf das letzte Endchen seiner Zigarre hinter sich und zog eine kurze Pfeife heraus, die er aus einem sehr exotisch, sehr indianisch aussehenden Tabaksbeutel füllte und plötzlich – ehe er durch einen hastigen Griff und Ruf des Apothekers daran gehindert wurde, in Brand setzte. Ehe er dran gehindert werden konnte, hatte Dom Agostin Agonista ein bedeutendes Stück von seinem verjährten, wild-phantastischen Schreiben abgerissen, es regelrecht zu einem Fidibus zusammengedreht und denselben zu dem Zwecke verwendet, zu welchem man eben einen Fidibus gebraucht. In demselben Moment fing er gelassen und gemütlich an, seine Geschichte zu erzählen, und sie ging gut an, nämlich mit den Worten:

»Nicht wahr, Doktor, wer noch keinen Menschen umgebracht hat, der wird sich nur schwer in die Gefühle eines, der's bereits fertigbrachte, hineinfinden. Erschrekken Sie nur nicht zu arg, meine Herrschaften; ich habe mich allmählich hineingefunden; es lernt sich alles in der Welt und wird zur Gewohnheit, das Hängen und Erschießen wie – das Köpfen. Ich stamme aus einem der anrüchigsten Geschlechter Deutschlands und hatte, drei Tage vor dem Zusammentreffen mit meinem Freund Philipp Kristeller auf dem Blutstuhle, getan, was ich mußte. Um es kurz zu sagen, so hatte ich, unter Bewilligung und Beistand von Staat und Kirche, einem nichtsnutzigen Mitbruder im Wirrwarr dieser Welt auf offenem Felde und vor zehntausend Zuschauern den Kopf abgeschlagen. Erschrecken Sie nicht, bestes Fräulein, – auch das ist eine verjährte Geschichte.«

Ja, was half es zu sagen: Erschrecken Sie nicht! – ? Sie fuhren doch alle zusammen, selbst Herr Philipp Kristeller.

»Das Amt, das meine Vorfahren seit mehr als zweihundert Jahren in ununterbrochener Geschlechtsfolge verwalt hatten – rühmlich verwaltet hatten –, war eines Tages auf mich übergegangen, und ich habe es ausgeübt – einmal! – wie gesagt, drei Tage vor jenem Anfall vom Veitstanz, in welchem der da mich auf dem Blutstuhl fand. Sieh, Philipp, *das war es* und deine Johanne hatte wohl recht, wenn sie schon lange vor jenem letzten Zusammentreffen dich auf mancherlei an mir aufmerksam machte, was ihr nicht gefiel. Ach Gott, ich wollte, ich könnte es dem armen guten Kinde heute abend auch sagen, wie gut sie mir stets gefiel. Sie ist also tot – ein Menschenalter tot? Ach Philipp, Philipp, du hast es kaum wissen können, wieviel Sonnenschein von ihr ausging, wo sie ging und stand, und wie schwarz und scheußlich mir die Welt in dem schönen Lichte vorkam. Auch verjährt! Da wir noch am Leben sind und es uns wohlgeht, so wollen wir von uns reden. – Ich war wunderlich erzogen worden. Mein Großvater August Gottfried Mördling hatte das schlimme Erbamt noch im reichlichsten Maße und als finsterer Enthusiast bekleidet; mein Vater hatte damals das Glück gehabt, daß in seine ganze, freilich nicht sehr lange Lebenszeit nicht ein einziges Mal die unangenehme Notwendigkeit fiel, die Kammer im Oberstock des Hauses aufzuschließen und mit dem Auge und dem Finger an der Schärfe des breiten Schwertes mit der Jahreszahl 1650 hinauf und hinunter zu fahren. Von meiner Mutter weiß ich weniger zu sagen. Sie war eine kränkliche, verdrossene Frau, und ich habe nur eine Haupterinnerung von ihr, nämlich daß sie eine ausgebreitete Geflügelzucht trieb und das Schlachten der Hühner, Puter, Enten, Tauben und Gänse stets selber besorgte, und zwar mit großer Kunstfertigkeit und einer gewissen wilden Energie. Mein Vater, ein sanfter, gebildeter Mann, der Schiller verehrte, Goethe verstand, für Uhland schwärmte und mich erzog, ging bei solchen Exekutionen stets mit raschen Schritten vom Hofe oder aus der Küche weg, indem er murmelte: ›O du grundgütiger Himmel!‹ – Mein Vater, Alexander Franz Mördling, war auch gereist, sowohl als Kunst- wie als Naturliebhaber, er war in Frankreich, England und Holland gewesen, sprach recht gut englisch und französisch und erzog mich nur zu gut. Er machte auch mich zu einem gebildeten Menschen, der über Sonnen- und Mond-Auf- und Untergänge zu reden wußte und vor allen Dingen ein Herbarium anzulegen verstand. Als die echten, richtigen Autodidakten machten wir uns beide unsere Welt zurecht – eine Welt, aus der keiner von uns beiden berufsmäßig herausgerufen werden durfte, ohne halb verrückt zu werden und ganz zugrunde zu gehen.

Unser Erbhof lag natürlich außerhalb der Stadt, versteckt im Grün, von uralten Linden überschattet, durch hohe Mauern und ein gewaltiges Tor geschützt, – ein Haus aus dem Ende des sechzehnten Jahrhunderts, warm im Winter, kühl im Sommer, – ein Generalsuperintendent hätte drin wohnen und seine Predigten abfassen können. Der Schall und Spektakel der Leute draußen drang kaum zu uns; und wenn mein Papa mir unsere eigentlichen Zustände keineswegs vorenthielt, so machte die Kenntnis davon durchaus keinen niederdrückenden Eindruck auf mich. Es lag für den Knaben sogar ein Reiz darin – man war allein, aber man war auch etwas, was die andern nicht waren; – liebes Fräulein, man saß wie ein geheimnisvoller Affe auf der Mauer und grinste die Jungen drüben jenseits des Grabens, die nicht zu grinsen wagten, sozusagen unheimlich-vornehm an. Sie glauben es mir nicht, Fräulein Dorette, aber es verhielt sich doch so. Da mein Vater in seiner Abgeschiedenheit erträglich behaglich und zufrieden seine Tage verbrachte, so hatte ich um so weniger Grund, mich über mein Schicksal zu beklagen. Wir hatten durch Sommer und Winter unsere kleinen Freuden – und Matthias Claudius würde sich sicherlich wohl in unsern Beschäftigungen und träumerischen Grübeleien und Liebhabereien gefühlt haben. Ja, es fällt mir erst jetzt bei: vom alten Wandsbecker Boten hatte mein Alter das meiste in seiner Natur; – er konnte es sicherlich nicht ahnen, welch ein Meister Urian in seinem Söhnchen steckte. – Aber endlich kam ein Winter, in dem mein Vater bei hohem Schnee und hartgefrorenem Boden mit Tode abging, und ich, ein mündiger, erwachsener Mensch, der allem, was außerhalb unserer Hofmauer lag und vorging, gänzlich unmündig gegenüberstand, ihn sterben sah.«

An dieser Stelle stand der Erzähler, der Oberst Dom Agostin Agonista, auf und ging zum Fenster, um nach dem Wetter zu sehen.

»Es ist das einzige, was einem bei außergewöhnlich unruhigen Gemütsbewegungen hilft«, sagte er zurückkommend und seinen Stuhl wieder einnehmend. »Übrigens hat der Herr Förster recht; es wird klar, und wir werden morgen wohl einen schönen Tag haben. Wo war ich doch stehengeblieben? Ja so, beim Tode meines Vaters und dem, was damit zusammenhing. Ich muß die Herren und das Fräulein also noch eine Weile inkommodieren.«

Sie hatten ihm alle, bis auf den Apotheker, starr und mit immer noch hoch emporgezogenen Augenbrauen auf den Rücken gesehen, den er ihnen zudrehte, als er aus dem Fenster guckte. Als er sich umwendete, wandte ein jeder, nur der Apotheker nicht, die Augen wo anders hin und tat so unbefangen als möglich.

»Das nennst du uns inkommodieren, August?« fragte Philipp Kristeller vorwurfsvoll zärtlich.

»Augustin – Agostin – Agostin Agonista, wenn es dir einerlei ist, alter Bursch«, lachte der brasilianische Oberst und – erzählte weiter:

»Wir waren allein im Hause, mein Vater, ich und eine alte Hexe von Magd, die uns beide seit meiner Mutter Tode in der raffiniertesten Knechtschaft hielt. Mein Vater hatte schon längere Zeit gekränkelt, sich selber bedoktert und war nun mit seiner Kunst zu Ende. Lieber Doktor, der städtische Arzt, den wir zum Schluß herbeiriefen, konnte auch weiter nichts tun, als die Achseln zucken, – und, Freund Philipp, in der Nacht vor seinem Abscheiden überlieferte mein Vater mir die Schlüssel zu dem Archive unseres Hauses! Drei Tage nach seinem

Begräbnis öffnete ich den schwarzen Eichenschrank, in welchem die seit fast zweihundert Jahren recht ordentlich geführte Chronik unserer Familie aufbewahrt wurde, und trat damit in die Krisis ein, während welcher mein alter Philipp da und seine so junge und schöne Johanne meine Bekanntschaft machten und so viele Gründe hatten, sich über mich zu verwundern. Ich fand in dem Schranke ein von meinen Vorvätern zusammengeschriebenes dickleibiges Manuskript in schwarzem Lederband mit Messingecken und Haspen. Sie hatten regelrecht Buch geführt, und es war ein recht nettes Hauptbuch draus geworden mit allen Zahlen und sonstigen Belegen: Und ich las und rechnete es nach bis auf meinen Herrn Großpapa hinunter – ich las es vom Anfang bis zum Ende, Wort für Wort, Datum für Datum, Zahl für Zahl; und als ich in der dritten Nacht gegen zwei Uhr morgens von der greulichen Lektüre aufstehen wollte, da konnte ich nicht. Ich saß fest im Stuhl, gerädert von unten auf, und draußen war es grimmig kalt – der Hofhund heulte und weinte vor Frost, und ich fühlte den Frost gleichfalls bis in die Knochen, und dazu, halb wahnsinnig, mein Leben, Fühlen, Denken, Meinen abgebrochen, wie wenn ein Stock übers Knie abgebrochen worden wäre. Meine grimmige Hexe von Haushälterin hatte mich am Ofen aufzutauen wie ein steifgefrorenes Handtuch, und es währte länger als eine Woche, ehe sich die allernotwendigste animalische Wärme wieder in mir bemerkbar machte. Ich lag länger als eine Woche im Bett und klapperte geistig und körperlich mit den Zähnen; dann aber lief ich hinaus und lief mich warm und durch das winterliche Land – blieb vierzehn Tage für diesmal vom Hause weg und suchte mir zu der Wärme auch den Schlaf zu erlaufen, erlief mir jedoch nur die scheußlichsten aller Träume. Es ist ein Wunder, daß keiner es mir heute ansieht, was für ein Narr ich damals war! Nach meiner Rückkehr saß ich bis zum Frühjahr als ein Idiot am Herde, und ohne den Frühling wäre ich sicherlich als ein Idiot im Landesirrenhause elend und erbärmlich verkommen; und eigentlich, lieber Philipp, habe ich über jene Periode meines Daseins nichts mehr zu sagen. Ich fuhr in meinem Einspänner über die Grenze, mietete in einem Dorfe euerer Provinz ein Absteigequartier und ging dann in die Berge: – da trafen wir uns, und du hieltest mich für einen übergeschnappten Privatgelehrten, dem seine Freunde seiner Gesundheit wegen geraten hatten, sich ein wenig auf die Botanik zu legen.«

»Ich habe meinen Freunden bereits vorhin mitgeteilt, mit welchem Respekt mich deine Wissenschaft erfüllte«, rief der Apotheker Zum wilden Mann, und sie nickten rund um den Tisch und sprachen:

»Jaja! o freilich!«

Der Oberst Dom Agostin Agonista aber sah jetzt in dieser Nacht zum ersten Male sehr ernst, ja fast böse und finster drein und sagte:

»Ich würde dir im Laufe der Zeit meine Umstände wohl klarer erschlossen haben, Philipp, ich würde dir alles von mir und meinem Leben erzählt haben; aber dein Liebeswesen hat mich dran gehindert und mir den Mund zugehalten. Lieber Junge, wenn mir etwas die Welt noch mehr verleidete, so war das deine Braut. Bei Gott, ich habe euch oft gehaßt wegen euerer Seligkeit, – o Philipp Kristeller, in mehr als einer Stunde hätte ich euch mit Vergnügen eine Fallgrube für euere Zärtlichkeit graben können. Wäre das Eifersucht gewesen, so wär's schlimm genug gewesen; aber es war noch schlimmer, es war Neid, der nichtswürdige, zähneknirschende Neid. Ach, Freund, Freund, damals hatte ich wahrhaftig nicht die Absicht, dir im Leben auf die Beine und, so weit ich es konnte, zu einer Frau zu helfen! Es mußte da erst das Ärgste kommen, um mir den Sinn vollständig zu wenden, und das Ärgste kam – gottlob, sage ich heute! – Von einer meiner vergeblichen botanischen Rasereien ins Wilde zurückkehrend, fand ich einen Brief zu Hause, ein Schreiben mit dem Siegel der Oberstaatsanwaltschaft darauf. Ich wurde durch dieses Reskript umgehend nach der nächsten Kreisstadt beordert, und was die hohe Behörde da von mir verlangte und zu verlangen berechtigt war, das können die Herren und die gütige Senhora sich sicher selber vorstellen; ich habe gewiß nicht nötig, mit dem Finger die Richtung anzudeuten. Man legte mir ein vom Landesherrn bereits unterzeichnetes Todesurteil vor, und ich hatte noch drei Wochen Zeit, mich und meinen Patienten auf die mir obliegende Operation vorzubereiten. Während dieser drei Wochen sahest du mich nicht, Philipp Kristeller; aber du fandest mich drei Tage nach vollbrachtem Amtsgeschäft auf der Opferklippe. Jaja, meine Herren, nach getaner Arbeit ist gut ruhen, und auch das war ein Erholungsausflug! – Ich hatte meine Sache gut gemacht und war gelobt worden, von den Behörden, den Zeitungen und dem zuschauenden Pöbel; aber ich trug schwer an der Ehre. Buchstäblich – ich trug meinen still und um einen Kopf kürzer gemachten Patienten, minus diesen Kopf, auf dem Rücken, und ich hatte ihn eben auf den Blutstuhl hinaufgeschleppt, als mein Freund Philipp die Klippe von der andern Seite her erkletterte. Seht, es ist immer von den Gefühlen des armen Sünders auf dem Hochgerichte die Rede; aber diesmal waren auch die des Scharfrichters bemerkenswert; – reden wir nicht davon: ich trug, wie gesagt, den Rumpf des armen Teufels von dem Gerüste hinunter; er hing mir auf dem Rücken, die Hände schleiften auf dem Boden nach, und ich hielt auf jeder Schulter einen Fuß im blauen wollenen Strumpfe gepackt! So hab ich ihn auf den Blutstuhl hinaufgeschleift; und als du mich fandest, Philipp Kristeller, auf dem Felsen liegend, das Gesicht zu Boden gedrückt, da saß der Halunke auf mir, kopflos – hatte mir eine Kralle in das Nackenhaar gewühlt und sang sein diabolisches Triumphlied über mich – ein Bauchredner sondergleichen; aber höchst widerlich, selbst heute abend noch, nach einunddreißig Jahren ruhigeren Nachdenkens und kühlerer Überlegung!«

Neuntes Kapitel

Der Oberst schwieg und fuhr sich mit dem Taschentuche über die Stirn. Man räusperte sich rund um den Tisch; der Föster und der Pastor hüllten ihre Verlegenheit in die dichtesten Tabakswolken, der Landphysikus schien die seinige in sich ertränken zu wollen, und alle drei – sonst gar nicht übele Leute – sahen in diesem Momente merkwürdig stupide aus. Fräulein Dorette Kristeller im Ehrenstuhle hatte sich soweit als möglich aus dem Lichtschein in die Dämmerung zurückgezogen; man hörte sie leise ächzen und seufzen, ja es schien sogar, als ob sie stoßweise in ihr Taschentuch hineinschluchzte. Eine solche Geschichte erzählte man trotz allem nicht ungestraft – selbst im Kreise seiner allerbesten Freunde nicht.

Dem alten Soldaten entging der gemachte Eindruck keineswegs, aber nachdem er seinerseits die widerliche Erinnerung mit einer Hand- und Armbewegung sozusagen vom Tische gewischt hatte, stützte er beide Ellenbogen auf die Platte und schaute munterer denn je um sich. Er hatte, wie sich gleich auswies, noch extraordinärere Dinge in seinem späteren Leben durchgemacht, er hatte nicht wie die andern still im Winkel gesessen, er hatte sich allerlei um die Nase wehen lassen, was die meisten Leute für Sturm genommen haben würden, er aber nur noch für Wind hielt. Er war nicht umsonst Kaiserlich Brasilianischer Gendarmerieoberst geworden.

»Lieber, guter August – Augustin«, flüsterte der Apotheker, »du bist als ein eigentumsloser Bettler in deiner Verwirrung in die Welt hinausgelaufen; – du hast mir das Erbe deiner Väter überwiesen –«

»So ist es! Niemals hat ein Mensch mit gleich leerer Tasche dem alten Europa den Rücken gewendet!«

»O meine Johanne – meine liebe, arme Johanne!« seufzte der Apotheker leise; aber da tat der Abenteurer und Soldat einen sehr feinfühligen Griff in die Ideenfolge seines Jugendbekannten.

»Nein, nein, Philipp, bei allen Mächten, nein! es ist nicht so! Das ist nicht der Geschäftsgang zwischen Himmel und Erde! Du würdest sie doch verloren haben – o, um meine Hinterlassenschaft hat sie dir das Schicksal nicht sterben lassen! Was hatte ihr Dasein und Geschick mit dem zu schaffen, was alles an den Talern hing, die ich damals auf der Flucht von mir warf und dir an den Hals, weil du mir zufällig zunächst standest. Das Kind ist nicht daran gestorben, Philipp! Ihr hättet ein schönes Leben auf die Erbschaft meiner Vorväter gebaut, wenn die Schöne, die Gute dir nicht doch hätte sterben müssen; und dann – – wer hier unter uns hat wohl ein bessers Los gezogen als sie?«

Die Frage erforderte eine Antwort, und jeder gab sie auf seine Weise, doch laut bejahete oder verneinte niemand. Der Apotheker Zum wilden Mann drückte zum hundertsten Male dem Obersten Agonista die Hand, und dieser schüttelte sie ihm wiederum herzhaft und rief:

»Was kann es alles helfen – jeder erlebt sein Leben, und wer noch mit dem nötigen Humor davon zu erzählen weiß, der ziert jegliche Tafelrunde, und selbst die Weisesten, Ehrwürdigsten und Ehrbarsten können ihn ruhig ausreden lassen. Jetzo will ich einmal eine weise Bemerkung machen, nämlich, daß der größte Verdruß der Menschen im einzelnen daraus entspringt, weil sie die Welt im ganzen für zu still halten. Meine Herrschaften, die Welt ist nicht still, und man muß den Wirrwarr nur recht kennenlernen, um das, was einem vom ersten Seufzer bis zum letzten passiert, nach dem richtigen Maße zu schätzen. Hol der Teufel die Narren, denen ihre vier Wände auf den Kopf zu fallen scheinen: steigt aufs Dach, jedesmal wenn's euch zu angst wird und überzeugt euch, daß das Firmament fürs erste noch nicht die Absicht hat, zusammenzubrechen. Also, ich stand ohne einen Heller in der Tasche auf dem Kai zu Neu-Orleans, so ungefähr in der Stimmung eines Menschen, der aus einem schweren Rausch erwacht, übernächtig sich die Stirn reibt und doch den kühlen Morgenwind mit Wohlbehagen auf seinen Schläfen fühlt.

Was aus mir werden mochte, war mir ganz gleichgültig. Ich war zu allem bereit, zum Leben wie zum Sterben, und verkaufte, da ich Hunger hatte, um wenigstens das allernächste Behagen noch einmal festzuhalten, mein Halstuch und mein Taschentuch an einen wandernden Trödler. Traktierte darauf meinen ersten guten Bekannten auf amerikanischem Boden, den einarmigen Mulatten Aaron Toothache, und zwar in einem Lokale, in dem Volk zusammensaß, von welchem man hier am Tische kaum einen Begriff haben kann. Hier lernte ich einen Haufen Gesindel von vorbenanntem Fregattschiff der Republik Chile, dem braven ›Juan Fernandez‹, kennen, und wir gefielen uns gegenseitig. Wie die Bekanntschaft endlich im Schiffsraume des ›Weißen Satans‹ auslief, habe ich euch bereits mitgeteilt.«

Sie waren ihm während der letzten Minuten alle auf den Leib gerückt. Sie schienen nach seinen letzten Äußerungen ihre geheime Scheu und Abneigung gegen ihn gänzlich überwunden zu haben! Sie waren ihm so dicht an die Ellenbogen gerückt, daß ihm die Luft auszugehen schien. Blasend machte er eine Armbewegung, um sie wieder ein wenig von sich zurückzudrängen, und wir – wir machen es vollständig umgekehrt als die aufs äußerste gespannten Lauscher in der Hinterstube der Apotheke Zum wilden Mann: wir rücken ab vom Kaiserlich Brasilianischen Gendarmerieoberst Dom Agostin Agonista.

Was dieser wunderliche Erzähler jetzt zu erzählen hatte, war freilich bunt genug und voll Feuerwerk und Geprassel zu Wasser und zu Lande; allein das alles war doch schon von anderen hunterttausendmal erlebt und mündlich oder schriftlich ja sogar dann und wann durch den Druck mitgeteilt worden. Wir lassen ihn, den Oberst Agonista, so ungefähr um ein Uhr morgens noch einmal mit der flachen Hand über den Tisch streichen und seine jetzige Lebens- und Weltanschauungsweise in ein kurzes Wort zusammenfassen:

»Also im zweiten Jahre meiner Abfahrt von Hamburg stand ich als Gefreiter in dem Peloton, das als Exekutionskommando in den Festungsgraben befehligt worden war. Der Leutnant hob den Degen, und – wir gaben Feuer: ich ohne Umstände wie die andern. Von dem Augenblick an war ich von meiner europäischen Lebensbürde vollständig frei. Ich machte mir aus dem Tage, der gestern war, und dem, der vielleicht morgen sein konnte, nicht das geringste mehr; – juchhe, wie der Dichter stellte ich meine Sache auf – nichts! So bin ich immer bei mir, und zwar bei mir allein gewesen: auf dem Marsche, wie in der Wachtstube, am Feuer in der Indianerhütte wie in den Salons der Präsidialstädte. Ja, meine Herrschaften, ich habe da drüben manchen Präsidenten in mancher Republik kommen und gehen sehen, habe selber geholfen, den Exzellenzen Stühlen zuzurücken oder sie ihnen unterm Sitze wegzuziehen, wie's sich grade schickte. Venezuela macht mich zum Luogotenente, Paraguay zum Major; aber Seine Majestät Dom Pedro von Brasilien war am gnädigsten gegen mich, und so fand ich denn auch am meisten Gefallen an ihm. Wir beide haben jetzt manch liebes Jahr das vielfarbige Gesindel in Rio Janeiro zur Ordnung und Jugend angehalten: er durch regelrecht richtige konstitutionelle Güte, ich durch flache Säbelhiebe und im Notfall durch einen kurzen Galopp, drei Schwadronen hintereinander, rund über das Pack weg. Meine Herren und Sie, liebes Fräulein, Sie werden sicherlich noch einmal erschrecken und mich von der Seite ansehen; aber es ist nicht anders, und bei der Wahrheit soll der Mensch bleiben: wenn ich das Köpfen aufgegeben habe, so habe ich mich desto energischer auf das Hängen gelegt und gefunden, daß es eine viel reinlichere Arbeit ist und seinen Zweck ebensogut erfüllt. Was aber das Gehängtwerden anbetrifft, so habe ich selber die Schlinge mehr als einmal um den Hals gefühlt, gottlob ihn aber stets noch glücklich herausgezogen. Ei ja, ich komme jetzt ganz gut mit jedermann aus – bin hoffähig und reite bei feierlichen Aufzügen am Kutschenschlage Ihrer Kaiserlichen Majestäten. Komme ich nach Rio heim, so werde ich mich verheiraten; denn für ein ferneres junggesellenhaftes Umherschweifen wird's allmählich ein wenig spät. Doch davon morgen, und nun vor allen Dingen das letzte Glas von diesem höchst vortrefflichen Getränk und dazu ein Rat, Wunsch und Trinkspruch: Verehrte Freunde, da wir einmal da sind, so leben wir, wie es eben gehen will; und da das, was uns endlich aus dem Dasein hinausschiebt, immer am Werk ist, so schieben wir ohne Skrupel gleichfalls; – vor allen Dingen aber lebe *er* hoch – mein Freund, mein lieber, alter, guter Freund Philipp Kristeller, und mit ihm wachse, blühe und gedeihe fort und fort seine Apotheke Zum wilden Mann!«

Das riefen sie alle nach und klangen die Gläser aneinander, und dabei erhoben sie sich und standen verwirrt, schwankend ob all des Abenteuerlichen, das der Abend enthüllt und gebracht hatte. Wie die Gäste Abschied von dem Hausherrn, seiner Schwester und dem Oberst Agostin Agonista nahmen, wußten sie selbst nachher kaum anzugeben.

Der Oberst aber sagte:

»Philipp, einen Schlafrock und ein Paar Pantoffeln bitte ich mir aus. Ich will es doch wenigstens einmal noch behaglich im deutschen Vaterlande haben.«

Die beiden Freunde vom Blutstuhl umarmten sich noch einmal; wir aber begleiten den Förster Ulebeule und den Pastor ein Endchen auf ihrem Wege nach ihren Wohnungen.

Zehntes Kapitel

Daß sie, der Förster, der Pastor und der Landphysikus Dr. Hanff, ihren freundlichen Wirten gute Nacht oder vielmehr guten Morgen gesagt hatten, stand fest.

Der Apotheker hatte sie mit dem Lichte an die Tür begleitet, und sie standen auf der Landstraße, wo der Doktor seinen Einspänner bereits wartend fand. Sie vernahmen noch, wie der Hausherr drinnen den Schlüssel im Schloß umdrehte, und niemand hinderte sie jetzt mehr, ihren Stimmungen, Gefühlen und Ansichten die Türen weit aufzuwerfen.

Der erste, der das Wort ergriff, war natürlich der Doktor, und er rief von seinem Wagentritt aus:

»Nicht wahr, da hab ich euch wieder mal einen tollen Gesellen ins Dorf geschleift? He, ihr hattet wohl kaum eine Ahnung davon, daß es dergleichen auf Erden geben könne – was? Mir gefällt der Kerl ausnehmend wohl, und ich freue mich unbändig auf eine fernere und genauere Bekanntschaft – zu Worte wird er einen im Laufe der Zeit ja auch wohl einmal kommen lassen. Wir laden ihn natürlich rund herum der Reihe nach zum Essen ein.«

»Natürlich, und er soll sich dann auch über uns wundern«, rief Ulebeule, und der Doktor fuhr ab auf der Landstraße zur Rechten; er hatte ein gut Stück Weges zu fahren, ehe er seine Behausung erreichte.

Die beiden andern wendeten sich links, und der geistliche Herr trug vorsichtig seine Taschenlaterne voran. Wo ihre Wege aber schieden, standen sie noch einmal still und sahen nach der Apotheke Zum wilden Mann zurück. Das Haus lag dunkel da unter dem wieder dunkel und schnell ziehenden Gewölk. Obgleich der Wind sich ein wenig gelegt hatte und die Sterne sichtbar waren, trieb sich noch genug bedrohliches Gedünst am Himmelsgewölbe um, und die Pappeln in der Nähe der Apotheke schwankten wie betrunkene Gespenster.

»Mir wird jenes Haus dort nie wieder so aussehen, wie ich es bis zum heutigen Abend gekannt habe«, sagte der Pastor. »Was sagen Sie, lieber Freund?«

»Das weiß der Teufel!«

Der geistliche Herr zog ein wenig die Achseln zusammen.

»Sie sollten dieses böse Wort vorsichtiger gebrauchen, Bester«, meinte er. »Freilich, freilich, nach dem, was wir eben vernommen haben, – wer kann da sagen – wer da seine Hand im Spiele gehabt hat? Ich lobe mir Zustände, die auf bessern Grund und Boden gebaut sind als – – kurz, was halten Sie vom heutigen Abend an von den Umständen unseres Freundes Kristeller?«

»Der Alte ist mir lieber denn je geworden!« rief der Förster voll Enthusiasmus. »Das nenn ich einen braven Mann und einen guten Menschen! Wenn einer es verdiente, diesem famosen Scharfrichter und brasilianischen Generalfeldmarschall zur richtigen Stunde auf seinem Wege zu begegnen, so war's unser Philipp. Die Welt oder nur ein Stück davon würde er freilich nicht erobert haben, aber was man ihm gibt, das nimmt er mit Bescheidenheit und Dankbarkeit, und für unsere Gegend ist er doch wirklich, diese dreißig Jahre durch, ein Segen gewesen.«

»Und der andere – dieser andere – dieser Dom – Dom – Agonista?«

»Hören Sie, Pastor, den muß man sich erst bei Tage besehen, ehe man ein Urteil über ihn abgeben kann; bei Lampenlicht geht nichts in der ganzen weiten Welt über ihn! das ist ein Prachtkerl; – wahrhaftig, solch ein Gesell aus Schmiedeeisen und Eichenholz rückt einem nicht alle Tage an den Ellbogen. Was wollen Sie – ich glaube, ich glaube, mich hat lange nichts so sehr geärgert, als daß er mir nicht auf der Stelle angetragen hat, Brüderschaft mit ihm zu machen.«

»Da bin ich denn doch in der Tat ein wenig weichlicher als Sie, lieber Ulebeule«, sagte der Pastor mit einem leisen Schauder. »Mir ist dieser plötzlich wie aus dem Boden aufgestiegene Mensch entsetzlich! Die Kaltblütigkeit, mit welcher er aus nichts in seinem Leben ein Hehl machte, griff mir in alle Nerven. Wenn ich zuviel Punsch getrunken haben sollte, so bin ich nicht schuld daran, sondern dieser – dieser – dieser ungewöhnliche Erzähler. Wehren Sie sich einmal gegen ein fortwährend Einschenken, wenn es Sie fortwährend heiß und kalt überläuft! Hatten Sie wirklich vorher eine Ahnung davon, daß es solche Lebenswege und Fata in unseres Herrgotts Welt geben könne?«

»In Büchern habe ich Schnurrioseres gelesen; aber hier hatten wir freilich einmal das Wirkliche und Wahrhaftige in natura. Heiß und kalt hat mir seine Historie nicht gemacht, aber die Pfeife ist mir ziemlich oft darüber ausgegangen. Käme einem jeden Abend ein solcher Kerl über den Hals, so würde einem das Schmauchen auf die allernatürlichste Art abgewöhnt. Außerdem daß ich einen brasilianischen Obersten noch niemals mit eigenen Augen gesehen hatte, erzählte dieser Oberst mehr als brasilianisch gut, und noch dazu ganz und gar nicht aus dem Jäger-Lateinischen. Das muß ich kennen und hätte es ihm beim ersten Flunkerwort abgespürt und es ihn merken lassen, nämlich moralisch mit dem Hirschfänger übers Gesäß: ›Hoho, das ist für den gnädigsten Fürsten und Herrn! Hoho, das ist für die Ritter und Knecht! Dies ist das edle Jägerrecht!‹«

»Ulebeule?!« rief der Pastor klagend-vorwurfsvoll.

»Jaja, es ist wahr, 's ist spät, und es zieht hier arg«, rief der Förster, »aber die Mohrenschiffgeschichte allein hätte doch auf jedem Orgelbilde abgemalt werden können; – bei allem in Grün, man kommt sich ganz abgeschmackt und verrucht verledert und in seinem Loche versumpft vor, wenn man es sich überlegt, was man seinerseits hier am Orte vor sich brachte an Erfahrung, während *der* sein Gewölle um so viele Nester herum ablegte.«

»Ich danke dem Himmel dafür, daß er mich hier im Frieden grau werden ließ. Meine Natur hätte nicht für ein solches Dasein gepaßt.«

»Das brauchen Sie mir nicht schriftlich zu geben«, lachte der Förster, »aber hat uns nicht gerade dieses kuriose, ins Kraut geschossene Menschenkind bewiesen, daß niemand weiß, was in ihm steckt und was er unter Umständen aus sich herausziehen kann? O je, wie oft hab ich in meinen jungen Jahren aus Angst oder Verdruß in die weite Welt hinauslaufen wollen! Nach einem solchen Erzählungsabend begreift man weniger als je, weshalb man es damals nicht ausführte und seinen Schulmeistern, Eltern und sonstigen Vorgesetzten durch die Lappen ging.«

»Wir werden alle unsere Wege richtig geführt und sind

in guten Händen«, sprach der geistliche Hirte und trat leider grade in diesem ganz unpassenden Moment in eine etwas tiefere Pfütze, in der er ohne Gnade hätte umkommen müssen, wenn sein handfester Begleiter nicht noch grade zur rechten Zeit zugegriffen hätte.

»Bitte ein andermal um denselben Dienst«, sprach Ulebeule gravitätisch; sonst aber brachte dieser Zufall ihr jetziges Gespräch über das Haus Kristeller und den Kaiserlich Brasilianischen Gendarmerieobersten Dom Agostin Agonista zu einem Abschluß.

Einiges wurde jedoch noch besprochen, ehe der Pastor gradeaus seiner Pfarre zuwanderte und der Förster sich links in den dunkeln Hohlweg schlug, der zu seiner Försterei führte.

»Wir sehen uns doch morgen? Dieses alles kann doch gewiß nicht passiert sein, ohne daß man ein weniges mehr davon sieht und hört und sich darüber ausspricht!«

»Man fühlt freilich das Bedürfnis«, meinte der Pastor, »und ich meine, wir treffen wohl irgendwo zusammen. Man ist es auch unserm guten Apotheker schuldig, daß man sich nach seinem Befinden erkundige.«

»Und dem Oberst nicht weniger.«

»Gewiß, gewiß. Nun, wir werden ja sehen. Und nun gute Nacht, oder vielmehr guten Morgen, mein teuerer Freund. Wir sind selten so lange beieinander geblieben als am heutigen Abend.«

»Und immer war's noch zu früh zum Aufbruch, und ich wäre sofort bereit, diesen wilden Indianer mit der ersten Dämmerung tauschlägig zu spüren. Aber der Kerl schnarcht – ich bin fest überzeugt, er liegt im Bau und schnarcht wie kein zweiter Mensch mit gutem Gewissen auf zwanzig Meilen in der Runde. Sapperlot, sowie ich mich aufs Ohr gelegt habe, fange ich an, vom Blutstuhl und diesem brasilianischen Landdragoner-General zu träumen, und morgen – morgen – mache ich – doch Brüderschaft mit ihm!«

So sprach also die Welt! – Wenn eine Million Zuhörer in dem bildervollen Hinterstübchen der Apotheke Zum wilden Mann dem alten Philipp Kristeller und dem Obersten Agostin Agonista zugehört haben würde, so würde diese Million denkender und redender Wesen kaum ein mehreres und anderes als der Pastor Schönlank und der Förster Ulebeule bemerkt haben. Der Seelenaustausch in diesen Wendungen genügte übrigens auch vollkommen: wenden wir uns zu dem greisen Geschwisterpaar in der Apotheke Zum wilden Mann und zu seinem eigentümlichen Gaste zurück.

Elftes Kapitel

Bruder und Schwester saßen allein im jetzt recht frostig werdenden Hinterstübchen, im erkaltenden Qualm von spirituosem Getränk und Tabaksdampf. Der Gast war zu Bette gegangen.

Der Hausherr hatte den Freund mit dem Lichte in das behagliche Gemach die Treppe hinaufbegleitet und noch einmal all sein überquellendes Gefühl in Wort und Empfindungslaut zusammenzufassen gesucht. Der Oberst hatte ihn freundlich zu beruhigen gestrebt und dann, noch in Gegenwart seines guten Philipps, sehr gegähnt und den Rock ausgezogen. Liebevoll aber hatte er ihn noch einmal von dem ersten Treppenabsatz zurückgerufen und, ihm die Hand auf die Schulter legend, gesagt:

»Philipp, alter Kerl, lieber Junge, es ist mir in der Tat ein herzliches Genügen, unter deinem Dache zu ruhen. Wahrhaftig, in mancher unbehaglichen, unbequemen Stunde zu Lande und zu Wasser habe ich mir da, das heißt unter diesem Dache, oft das vorzüglichste Quartier zurechtgemacht, und jetzt hab ich die Wirklichkeit, und sie ist wunderbar wohltuend!«

An diesen erfreulichen Ausbruch seiner Gefühle hatte er denn freilich recht praktisch die Frage nach dem Stiefelknecht geknüpft.

Während der Bruder dem Gaste zu seinem Schlafzimmer leuchtete, war Fräulein Dorette in der Bildergalerie sitzengeblieben, doch hatte sie den Ehrensessel aufgegeben und sich auf ihrem gewohntem Stuhle niedergesetzt. Da saß sie, beide Ellbogen auf den Tisch stützend und starr durch den Qualm, den die Herren hinterlassen hatten, und über die leere Punschschale und die gleichfalls leeren Gläser weg auf die buntbehängte Wand gegenüber sehend. Da saß sie und horchte auf die Schritte über ihrem Kopfe und dann auf die Schritte des zurückkehrendenden Bruders auf der Treppe.

»Welch ein Erlebnis!« murmelte sie. »Wie fällt das jetzt in unsere Tage? – So spät im Leben! – Und was werden die Folgen sein? – O, o, oh!«

Nun aber trat der Bruder wieder ein und zur Schwester heran. Nun legte er seinerseits ihr die Hand auf die Schulter: »Weißt du dich auch noch nicht in dem Glück, das uns dieser Abend gebracht hat, zurechtzufinden? O Dorette, liebe Dorette, wie schön hat sich nun alles ineinandergefunden und geschlossen – und grade an diesem Tage, an diesem Abend! Wer glaubt da an Zufall? Wer hat jemals deutlicher als wir die Hand der Vorsehung, die alles gut macht, in seinem Lebenslose erblickt?«

»Oh!« stöhnte die Schwester. »Ach, Bruder, Bruder, was wird nun aus unserem Leben werden? – O, wenn er doch nur früher gekommen wäre! Aber so spät am Abend so spät am Abend – was sollen wir anfangen?«

Herr Philipp Kristeller hatte sich auf seinem Stuhl niedergelassen und blickte die Schwester groß und verwundert an.

»Was – wie meinst du das, Dorothea?«

»Jetzt frage mich nur nicht weiter«, sagte das alte Fräulein scharf. »Es wird sich ja alles finden – morgen, übermorgen! Ja morgen ist ja auch noch ein Tag! – Aber man kann es ja nicht lassen; – bester Bruder, wenn er nun bliebe? wenn er sich bei uns niederlassen wollte? Man muß sich ja da alle möglichen Fragen stellen.«

»Wenn er bliebe? wenn er sich bei uns niederlassen

wollte? Aber das wäre ja herrlich!« rief der Apotheker, entzückt sich die Hände reibend. »Wie weich und angenehm wollten wir ihm sein Leben machen!«
Verwundert sah er hin, als das Fräulein zweifelnd und melancholisch den Kopf schüttelte.
»Du glaubst nicht, daß wir das vermöchten, Dorothea?«
»Nein«, erwiderte das Fräulein kurz und sprach unter einem schweren Seufzer mehr zu sich als dem Bruder: »Und dann der andere Fall – wenn er morgen wieder abreisen will, und dazu –«
Sie brach ab und vollendete den Satz auch nicht, als der Bruder gespannt-eifrig fragte:
»Und dazu? – Was meinst du? was willst du sagen?«
»Wir müssen es eben abwarten«, sprach Fräulein Dorothea Kristeller aufstehend. »Etwas anderes läßt sich in dieser Nacht doch nicht bereden; und jetzt wollen auch wir zu Bett gehen und versuchen zu schlafen.«
Nach diesem saßen sie doch noch, aber stumm, eine gute halbe Stunde beieinander. Als sie zu Bette gegangen waren, schlief weder Bruder noch Schwester einen ruhigen Schlaf.
Den ruhigsten Schlaf von allen, deren Bekanntschaft wir diesmal machten, schlief der brasilianische Oberst Dom Agostin Agonista.
Der lag friedlich auf dem Rücken und lächelte im Schlummer und sogar beim Schnarchen. Man vernahm ihn so ziemlich durch das ganze Haus, und wenn er träumte, so träumte er, ganz gegen alle soldatische Sitte und Gewohnheit, weit in den jungen Tag hinein.
Dieser junge Tag kam frisch, reingewaschen, glänzend und sonnig – ein klarster, kalter Oktobertag. Die Berge in ihrem braunen Herbstgewande hoben sich scharf von dem hellblauen Himmelsgewölbe ab; die leeren Felder der Ebene lagen bis in die weiteste Ferne klar da; und die Dörfer, die einzelnen Gehöfte, Anbauerhäuser und Hütten erschienen dem Auge scharf umzogen, als ob sie dem Spiegel einer Camera obscura entnommen worden und in die Morgenlandschaft hinein aufgestellt seien.

In dieser sonnigklaren Herbstmorgenlandschaft erschien aber die Apotheke Zum wilden Mann vor allem übrigen wie hübsch auf- und abgeputzt. Die Firma über der Tür glänzte in ihrer Goldschrift weithin die Landstraße nach rechts und links entlang. Und alles, was sonst zu dem Hause gehörte: Gartengegitter, Stallungen und Mauern, befand sich im ordentlichsten Zustande. Man sah, daß um jegliches Zubehör dieses Heimwesens ein sorglicher Geist walte, der seine Freude und sein Genügen dran habe und sein möglichstes von Tag zu Tage tue, alles im Hof, Haus und Garten im guten Stande zu erhalten. Bis auf die vom Sturme der Nacht zerzausten Sonnenblumen, die noch in ihren welken Resten über den Gartenzaun hingen, war alles rings um die Apotheke Zum wilden Mann im vollsten Sinne des schönen Wortes – präsentabel.

Und Bruder und Schwester warteten mit dem Kaffee auf den Gast. Eben hatte er heruntersagen lassen: augenblicklich rasiere er sich und werde in zehn Minuten erscheinen.

Die Dünste der Nacht waren verscheucht, das Hinterstübchen gekehrt und mit weißem Sande bestreut. Die Hauskatze putzte sich unter dem Tische, und der Zeisig zwitscherte lebendig in seinem Bauer; – es war ein Vergnügen, Herrn und Fräulein Kristeller an ihrem Kaffeetische sitzen zu sehen und – eingeladen zu werden, gleichfalls daran Platz zu nehmen. Der Oberst ließ nur wenig über die angegebenen zehn Minuten auf sich warten. Schon vernahm man seinen martialisch schweren Schritt auf der Treppe; – der Apotheker Philipp Kristeller riß die Tür seines Lieblingsgemaches auf –

»Schönen guten Morgen!« rief der Oberst Dom Agostin Agonista auf der Schwelle, und Wirte und Gast faßten sich rasch zum erstenmal bei hellem Tageslicht ins Auge: am schärfsten sah das Fräulein zu; etwas weniger scharf sah sich der brasilianische Kriegsmann seine Leute an; – der Apotheker Zum wilden Mann sah gar nichts, sein Gast und Freund schwamm ihm vor den Augen – wenigstens die ersten Minuten durch.

»Recht alt geworden«, meinte der Oberst bei sich, und er hatte recht.

»Unter andern Verhältnissen würde ich gar nichts gegen ihn haben«, sagte das Fräulein in der Tiefe der Seele, »ein anständiger, behäbiger Herr!«

Der Apotheker Philipp Kristeller sagte gar nichts; er schüttelte von neuem dem alten wiedergefundenen Freunde – dem Wohltäter und Gaste die Hand und drückte ihn diesmal trotz allem Widerstreben auf den Ehrenplatz nieder. Erst als der Oberst saß, sagte Philipp etwas, und zwar nicht bei sich und in der Tiefe seiner Seele, sondern er rief es fröhlich und laut:

»August, ich freue mich unendlich – du bist merkwürdig jung geblieben!«

»Bei allen Göttern zu Wasser und zu Lande, ich hoffe das«, lachte der Oberst Dom Agostin, und es war eine Wahrheit: trotz seiner schneeweißen Haare und seiner wohlgezählten Jahre war er sehr jung geblieben; aber das jüngste an ihm war doch seine Stimme.

Diese allein schon konnte als eine Merkwürdigkeit gelten. Mit einem behaglichen Widerhall erfüllte sie das Haus, ging einem voll und rund durch die Ohren ins Herz und paßte sich gemütlich, ja sozusagen tröstlich-fröhlich allem und jeglichem an, was die Stunde im Guten und im Bösen bringen mochte. Wer sie von ferne vernahm und vorzüglich in Verbindung mit dem herzlichen Lachen ihres Besitzers, der sagte sich unbedingt:

»Da freut sich ein braver Gesell seines Daseins.«

Der Oberst schüttelte nun noch einmal dem Fräulein die Hand und sprach zum Apotheker:

»Ich habe euch heute morgen das Recht gegeben, mich für einen Langschläfer zu halten; aber ihr werdet wahrscheinlich morgen früh schon eines Bessern belehrt werden. Gewöhnlich pflege ich drei Stunden vor Sonnenaufgang auf dem Marsche zu sein. Man lernt das, auch ohne Anlagen dazu zu haben, unterm Äquator; und wenn ihr eines Morgens das Nest ganz leer finden solltet, so braucht ihr euch auch nicht allzusehr zu wundern.«

»O, Freund«, rief der Apotheker, »wir werden dich zu halten wissen! wir werden dich sicherlich fürs erste nicht loslassen! Du bist unser! Du darfst nicht gehen, wie du gekommen bist – du würdest für lange Zeit alle unsere Freude, unser Behagen mit dir wegführen!«

»Hm!« sagte der Oberst, und dann frühstückten sie gemächlich, und der alte Soldat mit besonders ausgezeichnetem Appetit. Er zeigte auch beneidenswert wohlkonservierte Zähne und wußte sie trefflich zu gebrauchen. Nach vollendetem Frühstück lehnte er sich behaglich seufzend zurück und setzte seine Pfeife in Brand. Dorette ging ihren Hausgeschäften nach, und die beiden Herren waren allein. Sie plauderten jetzt – sie konnten jetzt plaudern – der Ernst in ihren gegenseitigen Verknüpfungen war wenigstens für den Moment überwunden; sie hatten die nötige Ruhe zum harmlosen Schwatzen gefunden, und sie schwatzten miteinander – zwei gemütliche ältliche Herren, deren einer etwas mehr von der Welt gesehen und sich bedeutend besser erhalten hatte, als es dem andern vergönnt gewesen war.

Der Brasilianer freute sich über die deutschen Stubenfliegen, die ihm um die Nase summten; es war ihm durchaus nicht zu verdenken; aber die Tatsache verdient, in einem eigenen Kapitel behandelt zu werden.

Zwölftes Kapitel

»Ihr glücklichen Leute wißt es gar nicht, um wie vieles unsereiner euch zu beneiden hat«, sprach der Oberst. »Da sitzt ihr in euerer täglichen Behaglichkeit, und wenn ihr euch nicht dann und wann über die Fliege an der Wand zu ärgern hättet, so ginge es euch eigentlich *zu* gut. Nun guck einer, wie niedlich sich das Ding da auf der Zuckerdose die Nase wischt und die Flügel putzt! Sollte man es nun für möglich halten, daß der Gutmütigste von euch hier zu Lande vor Wut außer sich gerät, wenn das ihm während des Mittagsschlafes über die Stirn spaziert? So ein Biwak am Rio Grande ohne Moskitonetz, das würde etwas für euch sein, um euch Geduld in Anfechtungen zu lehren.«

Der Apotheker lächelte und sagte:

»Unsere Anfechtungen haben wir auch wohl ohne das, lieber August.«

»Lieber Agostin, wenn ich bitten darf«, rief der Gast. »Du hast keine Ahnung davon, wie verhaßt mir dieser frühere August ist. Wenn jemand seinen alten Adam so vollständig wie ich im Graben ablegt, dann hält er auch etwas auf seinen neuen Rock. Mein jetziger paßt mir wie angegossen, bemerke ich dir abermals; – Dom Agostin Agonista, Gendarmerie-Oberst in kaiserlich brasilianischen Diensten – alles in Ordnung, Patent wie Paß –«

»Ereifere dich doch nicht, Lieber«, sagte der alte Philipp begütigend.

»Ich ereifere mich nicht, ich ärgere mich nur!« rief der Oberst.

»Und zwar wie ein echter Deutscher über die Fliege an der Wand, bester Augustin«, meinte der Apotheker Zum wilden Mann; und dann gingen sie zu etwas anderm über, das heißt der Oberst fing an, sich sehr genau nach den Umständen und Lebensläufen der Herren, deren Bekanntschaft er am gestrigen Abend gemacht hatte, zu erkundigen. Dann erzählte er seinerseits genauer, auf welche Weise er mit dem Doktor Hanff auf dem Wege zusammengeraten sei, und dadurch kam er darauf, wie ihn doch nicht allein der Zufall in diese Gegend geführt habe, sondern wie er in der Tat mit der Absicht gekommen sei, sich nach dem alten botanischen Wald- und Jugendgenossen, nach dem treuen Freunde vom Blutstuhle umzuschauen.

»Ich hatte keine Ahnung, wo du geblieben warst und ob du überhaupt noch am Leben seiest, Filippo!« rief der Brasilianer. »Aber ich hatte mir vorgenommen, dich tot oder lebendig zu finden, und es ist mir gelungen. Eine Maronjagd war es durchaus nicht, Alter. Ich habe es wohl gelernt, Spuren von Wild und Mensch im Urwald wie zwischen den Ackerfeldern und in dem verworrensten Straßennetz über und unter der Erde zum Zwecke zu verfolgen. Dich oder deinen Namen oder vielmehr einen Schnaps oder Likör deines Namens spürte ich in den Zeitungen aus – dem ›Kristeller‹ ging ich nach, und da bin ich denn, und du wirst es mir gewiß nicht verdenken, wenn ich im Laufe des Morgens das Getränk an der Quelle zu erproben wünsche. Es war keineswegs notwendig, daß euer Doktor mich auf den ›Kristeller‹ aufmerksam machte.«

Der alte Philipp hatte sich während dieser Auseinandersetzung fortwährend vergnüglichst die Hände gerieben, jetzt sprang er auf, klopfte den Freund auf die Schulter und rief:

»Also mein ›Kristeller‹ hat dich auf meine Spur gebracht! O lieber August–in, ich glaube da wirklich eine wohltätige Erfindung gemacht zu haben; ich werde sogleich –«

»Nachher!« sprach der Oberst Agonista. »Sieh, wie herrlich die Sonne scheint, wie blau der Himmel ist! Philipp, jetzt zeigst du mir vor allen Dingen dein Heimwesen im einzelnen: Herd und Hof – ach, wie schade, daß du mir nicht auch Weib und Kind und Enkel zeigen kannst! – und Garten, die Offizin, das Laboratorium, die Materialkammer, Küche und Keller, Stall und Viehstand – alles interessiert mich!«

Da der Hausherr jetzo wieder neben seinem Gaste saß, so klopfte er ihn nun auf das Knie:

»O Augustin, wie freundlich ist das von dir! Welch eine Freude machst du mir da! sollen wir gleich gehen?«

»Gewiß«, sprach der Oberst Dom Agostin Agonista, sprang auf, drückte den Tabak in der Pfeife fest und nahm den Arm des Freundes.

Beide Herren traten ihre Gänge an, durch Haus und Hof, durch Garten und Ställe, und es war zugleich eine Merkwürdigkeit und ein Vergnügen, wie verständig und sachkundig der Kriegsmann über alles zu reden wußte und – wie genau er sich jegliches Ding ansah.

Der entzückte Hausherr sprach ihm mehrfach seine Verwunderung darob aus; aber Dom Agostin lachte und meinte:

»Treibe du dich einmal wie ich ein Menschenalter da drüben um unter dem Volk und den Völkerschaften, die Affen und sonstigen Bestien eingeschlossen. Das heißt natürlich als ein von Haus und Anlage aus überlegender und praktischer Mann, und dann sieh zu, ob du nicht gleichfalls die Ordnungen der alten Heimat dir im Gedächtnis wachrufen und täglich gern mit neuen Erfahrungen vermehren wirst. Wenn mich mein Schicksal zu einem Abenteurer gemacht hat, Philipp, so bin ich doch ein ganz solider geworden. Daß ich mich demnächst verheiraten werde, glaube ich euch bereits gestern abend mitgeteilt zu haben.«

»Wenn es wirklich dein Ernst war, Augustin –«

»Mein bitterer Ernst. Ihr scheint es alle für einen Scherz zu nehmen; ich habe das wohl gemerkt. Eigentlich hätte ich das übel aufnehmen sollen und begreife jetzt auch nicht, weshalb ich nicht sofort um weitere Aufklärung über euer Lächeln bat; – dieser Doktor – Doktor Hanff schien mir sogar die Schultern in die Höhe zu ziehen. Nun, schieben wir das alles auf den trefflichen Punsch deiner Schwester; – ich aber wiederhole es dir, ich bin bis über die Ohren verliebt und trage das Bild meiner Geliebten in einem Medaillon unter der Weste auf dem Busen. Du sollst das Porträt sehen, und deine Schwester soll's nachher auch sehen, und dann will ich euere Meinung ruhig anhören! Es ist ein Prachtweib und nicht ohne Vermögen; Senhora Julia Fuentalacunas – nicht wahr, ein recht wohlklingender Name? Sie kam jung als Julchen Brandes von Stettin nach Rio und heiratete den Senhor Fuentalacunas vom Zollamte. Weißt du, lieber Freund, der Rock des Kaisers ist zwar eine recht kleidsame und honorable Tracht; aber wenn man so die erste Jugend hinter sich hat, fängt man an, auf die Ehre zu pfeifen und das Behagen dem Herrendienste vorzuziehen. Ich werde eine Hazienda kaufen und hoffe als ein begüterter Familienvater meine Tage in Ruhe im Kreise der Meinigen zu beschließen. Ihr – du und Fräulein Dorette – gehört natürlich zu der Familie, und wir werden ein vortreffliches Leben miteinander führen.«

»Wie?« – – fragte der Apotheker Zum wilden Mann, Herr Philipp Kristeller, und sah seinen Gast mit den größesten Augen an.

»Wie ich es sage«, sprach der Kaiserlich-Brasilianische Gendarmerie-Oberst, den erstaunten Blick seines alten Freundes nicht im mindesten beachtend, sondern, mitten im Hofraume stehend, ringsumher an den umgebenden Gebäuden emporschauend. Es schien ihm wiederum in der Tat bitterer Ernst um das zu sein, was er sagte.

»Ich hoffe, deine Schwester ohne Mühe zu überreden«, fügte er wie beiläufig an.

Der Apotheker lachte, der Oberst aber lachte ganz und gar nicht mit, sondern umging die zwei Milchkühe im Stalle mit kritischem Blicke, klopfte sie auf die Weichen und bemerkte:

»Vor einigen Jahren war ich in Fray Bentos und sah mir das dortige Fleischextrakt-Institut an. Großartig! – Sie treiben euch vor den Augen einen Ochsen in die Retorte und liefern ihn euch nach zehn Minuten in eine Büchse konzentriert, die ihr in die Hosentasche steckt, – wäre das Weltmeer nicht da, dem ihr euer Erstaunen zurufen könnt, ihr wüßtet nirgends damit hin. Philipp, und vor vierzehn Tagen war ich bei Liebig in München – annähernd derselbe Geruch und Duft wie bei dir, nur noch ein bißchen metallischer; – Kristeller, da können wir einander gleichfalls gebrauchen – ich liefere dir das Vieh, und du lieferst mir den Extrakt; Philipp, ich gebe dir mein Ehrenwort drauf, in drei Jahren machen wir den Herren zu Fray Bentos eine Konkurrenz, die sie zu Tränen rühren soll.«

»O Augustin, welch einen prächtigen Humor hast du aus deinem neuen Vaterlande mit herübergebracht!« rief der Apotheker; aber –

»Humor?« fragte der Oberst sehr ernsthaft und setzte fast schreiend hinzu: »Zahlen! Zahlen! Die eingehendsten, unumstößlichsten Berechnungen: Hier! – da!« – Er hatte bereits seine Brieftasche hervorgezogen und las im Fluge dem Freunde einige in der Tat sehr eingehend auf die Fleischextrakt-Fabrikation Bezug habende Zahlenreihen her. Herr Philipp Kristeller rieb sich in immer größerer Erstarrung die Stirn:

»Die Schwester – die Schwester sollte das hören«, murmelte er, und jetzt lächelte auch der Gendarmerie-Oberst endlich wieder einmal und meinte:

»Ich würde natürlich schon beim Mittagessen deine gute Schwester mit unseren Plänen bekanntmachen und sie für dieselben zu gewinnen suchen. Ich bin überzeugt, sie wird sich nicht so steif-verwundert wie du hinstellen und nur meinen Humor loben.«

»O du großer Gott!« seufzte Herr Philipp.

Die Ziege, die neben den zwei Kühen im Stalle unter der besondern Obhut Fräulein Dorette Kristellers ein wohlbehagliches Dasein lebte, überging der Oberst ohne weitere Bemerkung; dagegen sprach er im Hühnerhofe kopfschüttelnd:

»Dieses Vieh hier erinnert mich stets merkwürdig lebhaft an meine selige Mutter.«

Er hatte die Brieftafel in der Hand behalten und machte von Zeit zu Zeit einige Notizen. Fast zwei Stunden brachten die beiden Herren auf ihrer Inspektionsreise zu, und als sie ins Haus zurückkehrten, fanden sie den Landphysikus in der Offizin auf sie wartend und ein Gläschen vom berühmten Kristellerschen Magenliquor vor ihm auf dem Tische.

Mit gewohnter Jovialität begrüßte der Doktor die eintretenden beiden Herren. Man schüttelte sich bieder die Hände im Kreise und erkundigte sich gegenseitig auf das herzlichste nach der Nachtruhe und dem sonstigen Befinden.

»Was für einen Wochentag schreiben wir denn heute eigentlich?« fragte der Oberst, seine Brieftasche immer noch in der Hand tragend.

»Das wird Ihnen der Barbier, der da eben hinrennt, am besten sagen können«, lachte der Doktor Hanff, »der

Pflug geht den Bauern über die Wochenstoppeln; es ist Sonnabend –«

»Und morgen besuche ich zum erstenmal seit einem Menschenalter den deutschen Gottesdienst wieder!« rief der Oberst Dom Agostin Agonista entzückt. »Übermorgen reise ich ab.«

»August? – Augustin?!« rief erschrocken Herr Philipp Kristeller.

«Herr Oberst?« sprach erstaunt Fräulein Dorette Kristeller.

Aber der Landphysikus, sein Glas energisch zurückschiebend, rief:

»Unter allen Umständen unmöglich, Colonel! Der Förster Ulebeule begegnete mir; er ist mit einer Einladung zum Mittagessen auf den Montag unterwegs, für den Dienstag erbitte ich mir die Ehre, am Mittwoch kommt die Reihe an den Pastor, am Donnerstage – doch da wollen wir den übrigen Herren nicht vorgreifen; jedenfalls lassen wir sie unter keinen Umständen so rasch fort, Oberst. Wer einen seltenen Vogel wie Sie in den Händen hat, der hält ihn solange als möglich fest. Geben Sie mir noch einen ›Kristeller‹, lieber Kristeller, und nehmen Sie auch einen, liebster Oberst; Sie scheinen noch gar keine rechte Ahnung davon zu haben, welche guten und angenehmen Dinge die hiesige Planetenstelle produziert.«

Dreizehntes Kapitel

Der Förster, der in diesem Augenblick in die Tür trat, vernahm, was besprochen wurde, und redete sofort mit den übrigen heftig und dringend auf den alten tapfern südamerikanischen Krieger ein. Dieser aber wehrte sich stumm nur durch Gesten, zu gleicher Zeit das ihm kredenzte Spitzglas mit dem Kristellerschen Magenbitter gegen das Licht haltend und durchäugelnd.

Jetzt setzte er den Becher an die Lippen – schlürfte – hielt ein – probierte noch einmal mit tieferer Andacht – goß den Rest mit einer gewissen wilden Inbrunst die Kehle hinunter – reichte sofort das Glas zu neuer Füllung aus der dickbäuchigen grünen Flasche hin und rief:

»Bei meiner Seele, das ist ja wirklich endlich – endlich einmal ein *Getränk*!«

»Nicht wahr?« fragten der Förster und der Doktor ernsthaft, während der Apotheker Zum wilden Mann verschämt-glücklich der Schwester über die Schulter lächelte.

»Bei den Göttern, das ist ein Getränk, Philipp! Und du bist wahrhaftig davon der Erfinder? Und du hast das Rezept dazu unter Schloß und Riegel! – Und du sitzest hier noch immer in diesem verlorenen Winkel und drehst dem Doktor da seine Pillen und rührst ihm seine Mixturen zusammen? – Fräulein Kristeller, ich erbitte mir sogleich nach Tisch ein Privatgespräch! Meine Herren, dies ändert die Sachlage vielleicht; lieber Forstmeister, im Laufe des Nachmittags werde ich mir erlauben, Ihnen Nachricht zu geben, ob ich Ihre Einladung annehmen kann oder nicht.«

»Bravo!« riefen der Landphysikus und der Förster; der Apotheker sagte:

»Du bleibst also ohne Bedingung, Lieber; und es war auch durchaus nicht notwendig, uns einen solchen Schrecken in die Glieder zu jagen. Es war nicht freundschaftlich und brüderlich, Augustin.«

»Ich bitte noch um einen ›Kristeller‹«, erwiderte der Oberst. »Philipp, auf dein Wohl! Ich versichere dich, ich habe dich lieb gehabt; aber jetzt tritt der Respekt zur Liebe; – meine Herren, Sie haben diese dreißig Jahre durch einen großen Mann in Ihrer Mitte gehabt, ohne es zu wissen. Philipp, dein Schnaps ist wunderbar, was aber meine Abreise anbetrifft, so ist unsereiner stets mit Gewehr über auf dem Marsche, und man muß eben ein Weib nehmen und ein bürgerlich Geschäft treiben, um das Stillsitzen zu erlernen. Bei den hohen Göttern, dieses hier ist vielleicht noch rentabler als Fray Bentos! Kristeller, wir werden drüben den feurigen siebenten Himmel durch deinen Destillierkolben auf die Erde herunterholen. Fräulein Dorette, wir werden die Sonne und den Blitz auf Flaschen ziehen und unsere Preise danach stellen. Kristeller und Agonista – Sao Paradiso – Provinz Minas Geraes, Kaiserreich Brasilien! Mit diesem Getränk unter dem Arm kommen wir durch bei allen Nationen rund um den Erdball. Wir kommen durch, Senhora, und wie gesagt, nach Tisch erbitte ich mir ein behagliches Plauderviertelstündchen im Hinterstübchen, Senhora Dorothea.«

Sie lachten alle, nur das Fräulein nicht. Was das Lachen des erfindungsreichen Hausherrn anbetraf, so machte das einen unbedingt ratlosen und hülflosen Eindruck. Ein Mensch aber, der ein Leben hinter sich hatte, wie der Oberst Agonista, durfte in der Tat die Erde mit andern Augen sehen und mit andern Händen greifen als die Hausgenossenschaft und die Hausfreunde der Apotheke Zum wilden Mann und konnte auch, ohne dafür zur Rechenschaft gezogen zu werden, von den andern ganz naiv verlangen, daß man sich auf seinen Standpunkt stelle. Der Oberst Dom Agostin Agonista konnte wirklich seinen festen unerschütterlichen Entschluß darlegen, noch einmal, und zwar nach einem Menschenalter, das Glück und Schicksal seines Freundes Philipp Kristeller auf die andere Seite zu drehen, und zwar ohne auf irgendwelche Einwürfe und Gegenvorstellungen zu hören.

Da sich jetzt die Hausflur mit allerlei Kunden füllte, so begleitete der tapfere alte Soldat allein den Förster und den Doktor auf ihrem Wege ins Dorf zurück. Er ging zwischen ihnen, jeden unterm Arme haltend, und wer den dreien begegnete, stehenblieb und ihnen nachsah, der mußte es zugeben, daß jeder von den dreien in seiner Art »gut« war. Dazu aber hielt sich das Gespräch der Herren am alten Philipp und seinem »Kristeller«; und selbst auf diesem kurzen Wege erhielt der brasilianische Gendarmerie-Oberst noch einige recht nützliche

Notizen über die Apotheke Zum wilden Mann und kam, heiter pfeifend und die reine, frische Herbstluft wohlig einschlürfend, zurück – gerade recht zum Mittagessen.

Man speiste; man hielt Siesta – der Oberst die seinige diesmal in seinem Ehrensessel im bilderbunten Hinterstübchen.

Punkt drei Uhr trat er erfrischt wiederum in die Offizin, um noch einen »Kristeller« zu nehmen. Dann wußte er den Weg in die Küche schon ganz genau und brauchte keinen Führer auf demselben.

»Fräulein Dorette«, sagte er, »jetzt wäre der günstige Augenblick vorhanden. Soeben habe ich den guten Philipp auf seine Materialkammer geleitet, und wir beide, liebes Fräulein, haben hier unten das Reich allein. Kinder, Kinder, ich freue mich kindlich, so familienfreundlich mit euch zusammen zu sein! Und wir bleiben eine Familie – nicht wahr, wir bleiben *eine* Familie? – Es ist zu prächtig! Da draußen der deutsche Herbsthimmel, hier innen die deutsche Ofenwärme und – das liebe Brasilien wie das Land der Verheißung in der Ferne! Senhora, ich erlaube mir, Ihnen meinen Arm anzubieten.«

Er führte richtig die alte, ängstlich über die Schulter zurückblickende Dame in ihre eigene Stube, des Hauses Ehrengemach, und verblieb mit ihr eine gute halbe Stunde drinnen, und zwar in dringlichsten Verhandlungen, während der Bruder, um seiner Erregungen wenigstens etwas Meister zu bleiben, in seiner Materialkammer sämtliche Kräutersäcke auf- und abtürmte und sämtliche Schubladen aufzog und zuschob.

Eine halbe Stunde kann selbst dem phlegmatischsten Menschen unter Umständen sehr lang erscheinen; das ist eine bekannte Wahrheit, muß hier jedoch dessenungeachtet wiederholt werden. Dem Apotheker Zum wilden Mann erschien der kurze Zeitraum *sehr* lang, Fräulein Dorette hingegen ging er ungemein rasch vorüber. Schon öffnete der Oberst ihr höflichst die Tür ihrer Putzstube und – ließ sie heraus. Er blieb drin! – Sie hielt sich am Türpfosten wie von einem Schwindel befallen;

– sie hatte dem braven Kriegsmann einen Knicks machen wollen, allein es war ihr nicht möglich gewesen. Während sie aber draußen an der Wand lehnte und wie aus plötzlich erblindeten Augen um sich zu sehen strebte, war der Oberst drinnen leise pfeifend zum Fenster gegangen und hatte es geöffnet und sich drein gelegt. Da lag er, schwer auf den Ellenbogen, stieß einen schweren Seufzer aus und blickte die Landstraße entlang, zur Rechten und zur Linken hin.

Das Fräulein draußen legte jetzt beide Hände an die Schläfen und stieß gleichfalls einen Seufzer aus und stöhnte dazu:

»Großer Gott, ganz wie ich es mir gedacht hatte! O du lieber Gott, mein armer, armer Bruder!«

Von seinem Fenster aus rief der Oberst einen vorbeilaufenden Dorfknaben an:

»Heda, miin Jung, kennst du den Herrn Förster Ulebeule und weißt du, wo er wohnt?«

»Na?!« fragte der Bengel an der Hauswand empor, entrüstet ob der Naivität der Frage.

»Gut, mein Sohn. Ich warte hier mit fünf Groschen in der Hand auf dich. Lauf einmal zum Herrn Förster und bestell einen schönen Gruß von dem fremden Herrn in der Apotheke, und es würde dem Herrn Apotheker und dem fremden Herrn ein Vergnügen sein, am Montag bei dem Herrn Förster zu essen.«

Der Knabe vom Gebirge rannte und sah im Rennen verschiedene Male zurück, ob der weißköpfige Herr mit dem braunen Gesichte im Fenster auch wirklich Wort halte und mit dem gebotenen Honorar präsent bleibe. Drunten im Hinterstübchen, im Ehrensessel des brasilianischen Obersten, saß Fräulein Dorette Kristeller, stützte die Ellenbogen auf den Tisch und das Gesicht auf die Hände und ächzte leise:

»Mein Bruder, mein armer Bruder!«

Vierzehntes Kapitel

Am andern Tage war Sonntag, ein deutscher Dorf-Sonntag. Die Glocke läutete zur Kirche, und der Pastor Schönlank hatte seine Predigt fertig und bereit. Mit dem Gesangbuch seines Freundes Philipp unter dem Arme und würdig die Schwester des Freundes führend, ging auch der brasilianische Oberst Dom Agostin Agonista in die Kirche, und zwar in Uniform. Er hatte seinen Mantelsack und kleinen Reisekoffer vollständig ausgepackt und sein Äußeres festtäglich geschmückt. Er trug seine sämtlichen Orden und sah nicht nur martialisch, sondern wirklich prächtig und vornehm aus und störte die Andacht des Dorfes durch seine Erscheinung vollständig. Er sang auch mit. Der Pastor in der Sakristei vernahm ihn über die Orgel, den Kantor und die Gemeinde weg; – ein so sonorer Baß hatte lange nicht die Wölbung des kleinen Gotteshauses erschüttert. Nach der Kirche hatte der fremdländische Krieger, wiederum Fräulein Dorette Kristeller am Arme führend, sozusagen die Parade der ganzen Gemeinde abzunehmen. Sie bildete Spalier auf seinem Wege, und gutmütig lächelnd und fort und fort an die Mütze fassend, schritt der Oberst zwischen der Hecke anstaunender Bauerngesichter durch.

Das Dorf sprach heute nur von ihm; Fräulein Dorothea kam aber sehr unwohl aus der Kirche nach Hause und fühlte sich gezwungen, sich zu Bette zu legen und den Rest des Tages darin zu bleiben.

Am folgenden Tage ging der Oberst mit seinem Freunde Philipp zum Förster Ulebeule auf einen Wildschweinskopf. Fräulein Dorette setzte sich vor die Rechenbücher des Hauses. Die Herren in der Försterei waren sehr heiter bei Tische; der Oberst erzählte wieder von der Herrlichkeit seiner neuen Heimat und brachte die Leute aus dem stillen Erdenwinkel fast außer sich durch seine Beredsamkeit und die Farbenpracht seiner Schilderungen. Diesmal forderte er den Doktor auf, mit hinüberzugehen und ein Millionär und Kaiserlicher Geheimer Hofmedikus zu werden, und schon bei der vierten Flasche hatte der Landphysikus es dem Oberst fest versprochen und durch Handschlag sein Wort besiegelt. »Mit Ihnen, lieber Pastor, wissen wir weniger da drüben anzufangen«, rief Dom Agostin, »aber wir holen Sie vielleicht doch noch nach, wenn wir uns unsere eigenen Hauskapellen errichtet haben.«

Da hatte der geistliche Herr gelächelt, aber etwas kläglich gesagt:

»Wir sind doch wohl zu einer solchen Emigration ein wenig zu alt, Herr Oberst. Auch würden Sie vorher vor allen Dingen mit meiner guten Frau reden müssen, teuerer Herr.«

»Weshalb sollte ich das nicht, wenn sonst die Bedingungen vorhanden sind?« fragte der Brasilianer.

Sie waren ungemein vergnügt bei dem Förster Ulebeule, und erst bei weit vorgeschrittener Dämmerung kamen Philipp und August Arm in Arm und Schulter an Schulter, angeregt und höchst lebhaft heim zur Apotheke.

»Von dem ›Kristeller‹ erbitte ich mir ein Flakon auf den Nachttisch, lieber alter Junge«, sprach der Oberst. »Er entzückt mich immer von neuem, auch nach dem Diner. Pereat Fray Bentos – dies hier nenne ich in Wahrheit eine konzentrierte Bouillon! Der Teufel hole alles Rindvieh in den Pampas; – da wir diesen Feuertrank hier am Orte schon *so* kochen, wie wird er erst da drüben im Feuerlande ausfallen, Fi – lip – po!«

»De – li – kat!« erwiderte Herr Philipp Kristeller, worauf die beiden Freunde einander dreimal recht herzhaft abküßten.

Sie saßen übrigens an diesem Abend allein im Hinterstübchen, der Oberst und der Apotheker Zum wilden Mann. Fräulein Dorette ließ sich durch das Hausmädchen entschuldigen und heruntersagen: sie habe arges Kopfweh.

Die beiden Herren ließen sofort hinaufsagen: das tue ihnen sehr leid und sie wünschten von Herzen eine baldige Besserung; – nachher saßen sie noch bis gegen Mit-

ternacht in der Bildergalerie zusammen und redeten, eingehüllt in Tabaksdampf, von ihrer Jugendzeit.
Als die Uhr zwölf schlug, stand der Oberst auf und sagte herzlich:
»Du weißt doch nicht ganz, wie gut es mir hier zumute ist, Philipp. Wir wollen uns aber auch von nun an nicht wieder voneinander trennen, Alter! Wir wollen von jetzt an *ein* Schicksal und *ein* Glück haben, nicht wahr? Nicht wahr, nicht wahr, es bleibt dabei, Philipp?«
»Es bleibt dabei«, stammelte Herr Philipp Kristeller, und dann ging der Oberst zu Bett. Er kannte jetzt den Weg zu seinem Schlafgemache bereits und brauchte kein Geleit mehr. Das »Flakon« mit dem »Kristeller« nahm er unter dem Arme mit wie am Sonntag das Gesangbuch seines Freundes. Aber vorher hatte er noch den Freund in den Ehrensessel niedergedrückt; und in dem Ehrensessel saß Herr Philipp noch eine Weile in der stillen Nacht und suchte zu überlegen, ehe auch er zu Ruhe ging.
Die Nacht war still, das Haus war still. Eben schlug es ein Uhr, als oben eine Tür knarrte und ein langsamer, leiser Schritt die Treppe herabkam. Aus dem Überlegenwollen des Hausherrn im Ehrenstuhl des Obersten war ein ziemlich fester Schlummer geworden. Aus diesem Schlummer wiederum auffahrend, horchte Herr Philipp: da war der gespenstische Schritt an der Pforte des Hinterstübchens –
»Wer ist da?« rief der Apotheker auftaumelnd und mit beiden Händen schwerfällig sich auf die Lehnen des Armsessels stützend.
»Ich bin es, Bruder«, sagte Fräulein Dorette Kristeller, im langen weißen Nachtrock wie eine moralische Lady Macbeth hereinschwankend. »Ich bin es, Philipp; ich habe keine Ruhe mehr im Bette, keine Ruhe im ganzen Hause. Ich glaubte, hier noch einen warmen Ofen zu finden; aber nun ist es mir lieb, daß auch du noch wach bist, lieber Bruder; – o Bruder, Bruder Philipp, es ist wirklich und wahrhaftig sein Ernst!«
»Sein Ernst? Wessen Ernst?«

»Sein bitterer Ernst! O, ich habe es mir gleich so gedacht, als er dich zuerst so gemütlich auf die Schulter klopfte und ihr alle über seine wilden Pläne lachtet. Er meint es ja vielleicht auch gut mit uns; aber elend macht er uns doch. Philipp, er braucht Geld! Er braucht sein Geld, und er ist gekommen, es zu holen!«

Der Apotheker Zum wilden Mann sah das trostlose alte Jüngferchen plötzlich mit den glänzendsten, verständnisinnigsten Augen an.

»Er braucht sein Geld, und er ist gekommen, es zu holen? Aber Dorette, das wäre ja wundervoll!«

»Wundervoll?! –«

Herr Philipp Kristeller knöpfte mit zitternder Hand, der kühlen Nacht zum Trotze, vor innerster Aufregung die Weste auf:

»Dorette, wenn du recht hättest! – Herrlich, herrlich wäre es! Aber – wenn das so wäre, so würde er es mir doch wohl zuerst gesagt haben?!«

»Hat er das denn nicht? und zwar auf jede nur mögliche Weise – fein und grob!«

Der Apotheker antwortete nichts hieraus. Er ging rasch in dem engen Raume seiner Bildergalerie auf und ab und rieb sich nach seiner Art die Hände und murmelte vor sich hin:

»Der Gute – der Wackere – mein Gott, welch eine glückselige Nacht! – Und ich habe ihn ganz und gar nicht verstanden! O diese Weiber, diese klugen Weiber! Dorette, wenn du recht hättest!«

»Ich habe recht!« ächzte jetzt das alte Fräulein fast böse. »So setze dich doch und nimm Vernunft an. Was soll denn aus uns werden, Bruder? Du bist diese dreißig Jahre lang deinen Liebhabereien und dem Geschäfte nachgegangen; aber ich habe die Bücher geführt und weiß, wie wir stehen. O, es reicht noch; aber es reicht auch nur grade hin – und, Philipp, ich bin fest überzeugt, er holt nicht nur das Kapital, sondern er kann auch die Zinsen gebrauchen, die Zinsen seit dreißig Jahren!«

»Das vergebe ich ihm so leicht nicht, daß er nicht sofort

seinen Wunsch mir klar und deutlich ausgesprochen hat«, murmelte Herr Philipp, der durchaus nicht imstande war, sich zu setzen, sondern der fort und fort auf und ab lief und das Wort der Schwester ganz und gar überhörte. »O August, August, also endlich ist auch für mich die Stunde da, dir auf deinem Wege zum Glücke behülflich sein zu können!«

Von der ganzen Fülle dieser Vorstellung überwältigt, stand er jetzt still, und was er seit nicht zu berechnender Zeit nicht getan hatte, das tat er jetzt: er gab der Schwester einen Kuß – einen langen, herzlichen Kuß, und dann – nahm er sein Licht und ging seinerseits in seine Kammer. Er hatte das Bedürfnis, allein zu sein und sich in der Stille und Dunkelheit der Nacht den frohen nahen Morgen und seine erste Begrüßung mit dem Freunde, dem Obersten Dom Agostin Agonista, auszumalen. Fräulein Dorette stand im Scheine ihres Nachtlichtes mit schlaff niederhängenden Armen und vor dem Leibe gefalteten Händen, blickte hinter ihm her und stöhnte: »Also da sind wir denn! – O diese Mannsleute! Was soll aus uns werden? Lieber Herrgott, was soll aus uns werden? – Zu den Pottekudern, seinen neuen Landsleuten, gehe ich für mein Teil nicht mit! Er wäre freilich imstande, uns in aller Güte und Zureden mit Haus und Hof mit sich zu schleppen und uns mitten in der Urwildnis hinzusetzen und eine Schnapsfabrik auf meines armen Bruders Namen und Likör zu gründen. Aber er soll mir kommen, der Kehlabschneider, der Scharfrichter, der Menschenschinder, der Henkersknecht. Für alle Freibillets in der Welt geh ich mit ihm nicht nach seinem Amerika; am Spieße brät er uns doch, wenn es uns drüben hat, und wenn er auch noch so schlau hier am Orte den Gemütlichen, den Vergnügten und den biedern treuherzigen Krieger spielt.«

Der Oberst Dom Agostin Agonista wurde durch das, was im untern Teile des Hauses Zum wilden Manne vorging, nicht in seinem Schlummer gestört. Er schlief abermals weit in den hellen Sonnenschein des Dienstags hinein, und die Flasche mit dem »Kristeller« stand auf seinem Nachttisch, und auch das Spitzglas, das dazugehörte, hatte der alte Soldat handgerecht zugerückt. Aber auf dem Stuhle am Bette saß um halb neun Uhr, seit einer Viertelstunde zärtlich lauschend, Herr Philipp Kristeller, das Erwachen des Gastes, Freundes und Wohltäters erwartend.

»Sobald der Gute erwacht, wollen wir überlegen, in welcher Weise es am angenehmsten und vorteilhaftesten für ihn einzurichten ist«, hatte der Apotheker, auf den Zehen in die Kammer schleichend, geflüstert; und er hatte eine gute Stunde zu warten, ehe der Brasilianer die Augen öffnete, sich entsetzlich reckte, gewaltig gähnte und dann, sich überrascht aufrichtend rief:

»Diablo! bist du denn das, Filippo? Ei, schönsten guten Morgen! aber dieses ist einmal freundlich von dir!«

»Guten Morgen, August. Du erlaubst mir wohl, daß ich dich diesmal wieder August nennen darf; denn ich sitze hier und warte auf dein Erwachen, um dich recht tüchtig abzukanzeln.«

»Abzukanzeln? weshalb? wieso? warum? wofür?«

»Weil du meiner guten Schwester mehr Zutrauen bewiesen hast als mir, August.«

»Ah – – – so!« sprach der brasilianische Gendarmerie-Oberst ungemein gedehnt und legte sich wieder hin – nämlich mit dem Hinterkopfe in seine Kopfkissen. Nach einer Pause erst fügte er etwas gedrückt hinzu:

»Und nicht wahr, du gibst mir recht? Dein Entschluß ist gefaßt; – wir gehen zusammen über das Weltmeer, um goldene Berge für uns und unsere Nachkommen aufzuschütten?!«

Herr Philipp schüttelte melancholisch den Kopf.

»Meine Schwester Dorothea und ich doch wohl nicht, aber – mit dir ist es freilich etwas anderes. Nein, mein teuerer August, du wirst wieder allein gehen müssen.«

»Aber das macht mir wirklich einen Strich durch alle meine Berechnungen«, brummte der Kriegsmann verdrießlich.

»Du nimmst unsere besten Wünsche mit hinüber; wir werden in Gedanken stets bei dir sein.«

»Danke!« sagte der Oberst womöglich noch verstimmter.

»Ich habe den Tisch vor deinem Stuhle bereits zurechtgerückt, mein guter August. Meine Hausbücher liegen zu deiner Einsicht bereit; du wirst mit meiner Schwester zufrieden sein, denn sie hat die Bilanz gezogen. Ich hoffe, du wirst finden, daß wir – meine Schwester und ich – unser – mein – dein Vermögen nach bestem Wissen verwaltet haben.«

»Ich komme im Augenblick hinunter, lieber Alter!« rief der Oberst, allen Mißmut sofort abschüttelnd und mit hellem Lächeln das rechte Bein blitzartig unter dem Deckbette vorschnellend und mit dem Fuße nach des Apothekers Reserve-Ehren-Pantoffeln auf dem Boden angelnd. »Im Moment – in zehn Minuten bin ich drunten bei dir. Philipp, du bist ein Prachtmensch! und du wirst sehen, daß ich die Welt kenne und auch für dich das Nutzbringendste zu ergreifen verstehe.«

»Wir warten mit dem Kaffee auf dich, lieber August!«

»Mein schönstes Kompliment im voraus an deine Schwester! Im Augenblick bin ich bei euch! Nicht wahr, Philipp, dein Rezept für den ›Kristeller‹ gibst du mir mit hinüber – nicht wahr, Alter?«

Der Erfinder des »Kristeller« versprach's, und nach einer Viertelstunde saß der Oberst Dom Agostin Agonista richtig bei dem Geschwisterpaar im Hinterstübchen, und zwar ohne alles vorherige Sträuben im Ehrensessel und vor den Haus- und Rechnungsbüchern der Apotheke Zum wilden Mann; – Fräulein Dorette Kristeller hatte ihn dazu von Zeit zu Zeit zu fragen, ob ihm noch eine Tasse Kaffee gefällig sein.

Fünfzehntes Kapitel

Einen Mann wie den Oberst stelle man einmal unter den Scheffel, wenn er in einer Gegend gleich der von uns geschilderten ankommt, das heißt aus den Wolken fällt. Auf Meilen in der Runde gingen bald die fabelhaftesten Gerüchte über ihn um. Ein wieder wie vor dreißig Jahren mit ein wenig Bangen gemischter Respekt begleitete ihn in jeglichem Blicke, der ihm nachgesendet wurde, klang in jedem höflichen Wort, das man an ihn richtete; nur tat er niemandem mehr leid dazu. Der bald so bekannte Fremdling entsprang in jeder Beziehung den Vorstellungen, die sich die Landschaft von einem »Wundertier« machte, und die Jovialität in seinem Wesen und Auftreten nahm der vertraulichen Scheu, die er den Leuten einflößte, nichts von ihrer Wirksamkeit. Er aber fühlte sich wohl unter dem Volke der Gegend, genoß die Gemütsbewegungen, die er unter ihm hervorbrachte, und – aß sich harmlos herum.

Nämlich es hatte sich herausgestellt, daß für die ersten Wochen an ein Verlassen der Gegend, an eine Abreise aus der Apotheke Zum wilden Mann noch nicht zu denken sei.

Der Oberst blieb, und sie luden ihn alle zu Tische. Nach den Honoratioren des Dorfes kamen die Gutsbesitzer und reichen Domänenpächter der Umgegend an die Reihe: der Oberst Dom Agostin Agonista fühlte sich immer behaglicher in seinem behaglichen Quartier in der Apotheke zum wilden Mann.

Wenn er aber viel abwesend von der Apotheke war, so blieb der alte Philipp Kristeller desto sedater in seinen vier Pfählen, schrieb viel, bekam viele Briefe von Bankiers und sonstigen Handelsleuten und trieb selber allerlei Handel. Er fing an, in Ländereien zu spekulieren, und zwar in seinen eigenen.

Und während der Oberst nicht das geringste von seiner stattlichen Rundung einbüßte, wurde Fräulein Dorette Kristeller, die doch wenig einzubüßen hatte, von Tag zu

Tage magerer, und auch der Apotheker fiel ab, soviel das noch möglich war. Das Geschwisterpaar wurde immer gelber und gelber; was den Dom Agostin anbetraf, so fingen die Leute an, ihm zu sagen:
»Herr Oberst, die Luft hier scheint Ihnen gottlob recht gut zu bekommen.«
Sie bekam ihm wirklich, die Luft der Gegend, und das Gerücht von dem, was er vor einunddreißig Jahren an dem Besitzer der Apotheke Zum wilden Mann getan hatte, schwebte auch in der Luft über ihm und um sein weißes, munteres Haupt und verklärte ihn rosig. Die Frauen nannten ihn einen prächtigen alten Herrn, und die Männer nannten ihn einen Prachtkerl und fügten hinzu:
»Unter Umständen fänden wir auch mit Vergnügen einen ähnlichen Burschen im Busch und Walde und suchten seine intimste Bekanntschaft zu machen. Selbst auf die Botanik könnte man in einem solchen Falle sich mit Pläsier legen.«
Auch der Oberst bekam im Verlaufe der nächsten Woche Briefe. Es langte ein Paket von Rio Janeiro an, eine Menge Dokumente enthaltend. Dieses Paket sendet Senhor Joaquimo Pamparente, sein Rechtsbeistand, und Dom Agonista fand sich bewogen, den Inhalt eingehend mit seinem Freunde Philipp Kristeller zu besprechen. Er, der Oberst, schrieb an Senhora Julia Fuentalacunas einen zärtlichen Brief, der aber doch zugleich auch ein Geschäftsbrief war; – leider reichte die Zeit zu einer Antwort der Dame nun nicht mehr.
»Tut nichts«, sprach der zärtliche Krieger, »es wird sich jetzt alles aufs beste und angenehmste arrangieren, wenn ich erst selbst wieder drüben bin.«
Am meisten verkehrte Dom Agostin in diesen ersten Geschäftstagen mit dem heitern Doktor und Landphysikus Hanff. Beide vergnügte Gesellen hatten Brüderschaft miteinander getrunken, und der Oberst Agonista fuhr dann und wann des Spaßes wegen mit auf die Landpraxis. Jegliches Wetter war dabei dem tapfern alten Soldaten recht, und der Doktor, der doch auch das

Seinige vertragen konnte, hatte auch hier seinen Begleiter als ein Mirakel zu bestaunen.
»Bei den Göttern beider Halbkugeln, du wenigstens gehst mit mir hinüber«, rief der Oberst, gegen Ende November auf einer dieser Fahrten den ersten Schnee des Jahres vom Fenster eines Dorfwirtshauses weit im offenen Lande beobachtend. »Ich habe dir bereits hundertmal das brillanteste Lebensglück garantiert und ich verbürge mich auch jetzt wieder dafür. Sieh dir dieses Wetter an – ist das ein Klima für verständige, anständige und zu allem übrigen mit Vernunft und Weib und Kind begabte Menschen? Ist das eine Gegend, um siebenzig Jahre drin alt zu werden?«
»Meine Frau – meine Jungen«, murmelte der Doktor.
»Werden sich sehr wohl dort akklimatisieren; ich rede dir ja eben grade vom Klima! Ein Jahr läßt du sie hier zurück, um dich drüben behaglich einzurichten. Im nächsten Herbst führe ich meine Frau nach Paris in die Honigwochen, und du begleitest mich, das heißt du schlägst einen Winkel hierher und holst dein Hauswesen nach. He – was sagst du? Zum Teufel, sieh auf den Kirchhof dort im Regen und Schneegestöber und sage mir, ob es ein Vergnügen und eine Ehre sein wird, dort einst eine Sandsteinplatte zu haben mit der Inschrift: ›Hier liegt der Doktor Eisenbart‹?!«
»Zum Henker, Bruder«, ächzte der Landphysikus, »weißt du, was ich wollte?«
»Nun?«
»Ich wollte, du wärest geblieben, wo du dich so wohl fühltest. Mein gesunder nächtlicher Schlaf ist hin, seit du im Lande bist, und wie mir, so geht es der Mehrzahl meiner Bekannten. Du hast sozusagen der ganzen Gegend die Phantasie verdorben. Ich kenne auf drei Meilen in der Runde niemanden, der noch ruhig auf seinem Stuhle sitzen kann. Da ist nicht einer, der nicht hin und her rückt und überlegt und berechnet, was alles er bis dato im Leben versäumt habe.«
»Das mag für die übrigen gelten, aber in deinem Alter hat man noch nicht das geringste versäumt – da

brauchst du nur mich anzusehen. Übrigens erlaube mir doch ein Wort: *ich* überrede niemanden! Diablo, wie käme ich dazu, mit diesem meinem weißen Haar, noch einmal von neuem anzufangen, die Dummheiten meiner Jugend zu wiederholen, um mir eine frische Last Gewissensbisse aufzuladen? In drei Wochen reise ich jetzt bestimmt – bestimmt, das sage ich dir! Bis dahin hab ich mein altes Vaterland und sein Verhältnis zu mir wieder in Ordnung gebracht und mache mich auf den Weg und aufs große Wasser, auch für die alten Freunde in der Apotheke die Fortuna, die spanische Silberflotte mit zu entern. O, die sollen bequem hier sitzenbleiben unter dem Zeichen Zum wilden Mann – ich werde für sie handeln, und die nächste Post, die ihr von mir erhalten werdet, wird das Weitere melden.«

»Er reist in drei Wochen!« seufzte der Doktor, hastig sein Glas hinuntergießend.

Sechzehntes Kapitel

Er hatte, wie man zu sagen pflegt, immer auf dem Sprunge gestanden, der Kaiserlich Brasilianische Oberst Dom Agostin Agonista, aber diesmal reiste er wirklich, und zwar auf die Stunde zum angegebenen Zeitpunkt, nämlich am Mittage des 23. Dezembers. Man hatte ihn natürlich dringend von allen Seiten aufgefordert, wenigstens das Weihnachtsfest über noch zu bleiben, doch alles Bitten und Zureden war vergeblich geblieben.

»Quält mich nicht länger«, hatte er gesagt, »ich kenne meine Natur und weiß, was ihr gut ist. Diese liebe Feier im gemütlichen Vaterlande, dieses holde Fest im sinnigen, gefühlvollen Deutschland würde mich zu weich stimmen, und es ist unbedingt notwendig, daß ich mich einige Zeit noch ein wenig härtlich halte. Ich bin das nicht nur mir, sondern auch meinen guten braven

Freunden in der Apotheke schuldig. Meine Verpflichtungen erfordern es, was mein Herz auch dagegen zu sagen haben mag.«

Damit verschwand er, verschwand spurlos, als jedermann bereitstand, ihm noch einmal die Hand zu drükken und sich ihm zu empfehlen. Der Abschied war so eigentümlich wie alles andere, was die Ankunft und den Aufenthalt des Mannes am Orte begleitet hatte. Sie kamen alle zu spät dazu: Herr Philipp aus seinem Laboratorium, Fräulein Dorette aus der Küche, der Doktor Hanff von seinem nächstliegenden Patienten.

Der Oberst hatte den Wagen an die Hintertür bestellt, war einfach eingestiegen und abgefahren; sein Gepäck hatte er vorausgeschickt, und die Gegend – sah ihm nach.

Die aus der Apotheke sagten nichts, sondern seufzten, der Doktor schlug sich vor die Stirn und rief ein wenig ärgerlich und enttäuscht:

»Ich hätte ihm doch gern noch ein Wort über meine Projekte gesagt! Man bringt einem doch nicht so um nichts und gar nichts den Gedanken in Unordnung und das Blut in Wallung; – Donnerwetter, dieses Brasilien!«

Die übrigen Freunde und Bekannten kamen nach und nach verwundert und erstaunt an das Fenster der Offizin.

»Er wollte vielleicht alles unnötige Aufsehen vermeiden«, sagte Fräulein Dorette Kristeller kurz und tonlos. Ihr Bruder war selbst für den Pastor und für den Förster nicht zu sprechen. Der Apotheker Zum wilden Mann fühlte sich durch die Trennung von seinem Jugendfreunde sehr angegriffen und wünschte einige Tage ganz sich selber überlassen zu bleiben. Die guten Bekannten begriffen das wohl und ließen das Geschwisterpaar in der Tat über das Fest allein.

Über das Fest allein! –

Da sitzen wir wiederum unter den Bildern des Hinterstübchens der Apotheke Zum wilden Mann, und es ist der Abend des vierundzwanzigsten Dezembers. Ein trübes Talglicht in einem schlechten Messingleuchter, das

Fräulein Dorette mit sich ins Zimmer brachte, brennt auf dem Tische. Der alte Herr saß im Dunkel, bis die alte Schwester dieses Licht brachte; – im trüben Scheine desselben sitzt er in dem Ehrensessel, und die alte Schwester hat sich ihm gegenüber niedergelassen. Sie sehen beide abgemattet-sorgenvoll aus; sie feiern beide eine betrübte Weihnacht.

Nach einem langen Schweigen sagte Fräulein Dorette:

»Plagmann aus Borgfelde will die Kühe gleich nach dem Feste abholen.«

Sie sagte das mit einem tiefen Seufzer; denn Bleß und Muhtz waren ihre Herzensfreude und ihr Stolz, und sie mußte sich von beiden trennen.

Ihr Bruder nickte bloß und sprach nach einer Pause seinerseits:

»Ich meine, so ungefähr am fünfzehnten Januar würde die beste Zeit für die Auktion sein.«

Und die Schwester nickte auch und stöhnte:

»Jaja, mir ist's recht! mir ist alles recht! o Gott!«

Nun versuchte der alte Herr, um doch etwas für das Fest zu tun, wieder einmal heiter und ruhig auszusehen und rief:

»Courage, Alte! Wer wird so den Kopf hängen lassen? Du sollst jetzt einmal zu deinem Erstaunen gewahr werden, mit wievielerlei unnützem Gerümpel wir uns allgemach auf unserm Lebenswege bepackeselt hatten. Daß wir die Landwirtschaft – die Sorge und den Verdruß um Wiese und Feld loswerden, ist im Grunde auch nicht so übel und jedenfalls nicht das Schlimmste. Offen gestanden, meine Knochen leisteten zuletzt doch nicht mehr das, was sie früher mit Lust taten.«

Der Trost war wohlgemeint, aber er half wenig. Plötzlich brach die Schwester in ein helles, krampfhaftes Schluchzen aus:

»O grundgütiger Heiland, es wäre mir ja alles, alles recht, es kommt nur so sehr spät! Bruder, es kommt zu spät, dieses Elend! – Wäre dieser – Mann um zwanzig Jahre früher gekommen, so würde ich ja mit Freuden mit deinem Kopfkissen meine Bettdecke hingegeben haben; aber wahrhaftig, jetzt ist es für uns zu spät im Leben geworden! Die Hypothek, die auf dem Hause liegt, liegt auch auf mir wie ein Berg! Und dazu keinen – keinen Menschen, dem man seinen Kummer klagen kann, klagen darf – ja klagen darf!«

»Nein«, rief Herr Philipp Kristeller, allen Nachdruck seiner Seele in das Wort werfend, »nein, was wir hier tragen, das tragen wir für uns allein! Fremde Nasen dürfen wir gewiß nicht in unser jetziges Dasein hineinriechen lassen, Dorothea! Es wäre nicht zu rechtfertigen gegen den Freund – meinen Freund – meinen Freund vom Blutstuhle! Ach, fasse nur Mut, liebe Dorette, und mache mir vor allen Dingen keine solchen verzweiflungsvollen Mienen, du sollst sehen, wir behalten den Kopf doch noch oben und führen auch unter den jetzigen Verhältnissen ein gutes und stilles Leben weiter. Was würde meine Johanne sagen, wenn sie bis heute mein Los mit mir geteilt hätte? Sieh, die Leute können wir denken und reden lassen, was sie wollen.«

»Und ich sehe sie schon vor mir, wie sie die Köpfe zusammenstecken, der Pastor und der Ulebeule, die Herren vom Gestüt, der Amtsrichter und der Doktor. Sie werden sich schöne Historien zusammenphantasieren und uns in einem bunten Lichte an die Wand hinmalen!«

»Laß sie! Möge es nur dem alten tollen Freunde mit seinem jungen Glück gut gehen! Ich sage dir, liebe Schwester, schon die Gewißheit, daß niemand es so herzlich mit uns meint als er, wäre mir ein Trost, wenn es mir vielleicht auch noch so kläglich zumute wäre. Jetzt glaubt er, mit vollen Segeln seinem und unserm Glücke entgegenzuschwimmen; sieh, Alte, und sein Geld hat doch wenigstens zum zweitenmal einem Menschen für eine Stunde Behagen gegeben, was man wahrhaftig nicht von jedem Gelde sagen kann, und wenn es auch wie hier zwölftausend Taler wären.«

Die Schwester erwiderte nichts hierauf, sondern zuckte nur die Achseln, welches ihr dann wieder Gewissensbisse machte. Sie stand auf, ging zum Fenster und sah in

den nächtlich winterlichen, gleichfalls schwer mit Hypotheken belasteten Garten hinaus und wendete sich nach drei Minuten erst ins Zimmer zurück:
»Es schneit tüchtig, Bruder. Weißt du wohl noch, Philipp, welch ein Vergnügen und welche geheime Behaglichkeit wir grade an diesem Tage am Schnee hatten?«
»Ei gewiß«, rief der Bruder, »wie wären wir sonst wohl dies Menschenalter durch so gut miteinander ausgekommen? Dorette, heute sind wir doch die richtigen Narren gewesen, daß wir uns zum erstenmal nicht einen Tannenbaum mit Lichtern besteckt haben. Allem zum Trotz hätten wir das tun sollen! Nun, das nächste Mal! – im nächsten Jahre –«
»Wenn dein Freund vom Blutstuhle das Schiff mit den Fässern voll Gold und Edelsteinen geschickt hat, als Abzahlung – wenigstens für das Rezept zum ›Kristeller‹! O, und dafür dreißig Jahre lang da seinen Lehnstuhl freigehalten zu haben!«
Das war echt weiblich und also nichts dagegen zu machen: der alte Herr Philipp hielt sich an sein eigen männlich und treu Gemüt, ließ sich das Wort nicht vor dem Munde abschneiden, sondern schloß seinen Satz:
»– wollen wir das diesmal Versäumte desto herzlicher und herzhafter nachholen.« Der weiblichen Einschaltung wegen fügte er jedoch im stillen noch hinzu: »Wie es auch kommen mag.«
Was die Freunde der Umgegend anbetraf, so verwunderten sie sich in der Tat sehr, als im Laufe des Winters und Frühjahrs in der Apotheke Zum wilden Mann sich vieles sehr veränderte – als die Möbeln aus den Gemächern abhanden kamen, das Vieh aus den Ställen verschwand, als der Blumengarten sich in einen Gemüseplatz verwandelte, das zierliche Dienstmädchen eine andere gute Herrschaft suchte, dem Knecht gekündigt wurde und es im Kreisblatte zu lesen stand, daß der Apotheker Herr Philipp Kristeller so und so viel Morgen Wiesen und Ackerfeld an die und die Bauern der Gemeinde und Feldmark verkauft habe. Als aber die Auktion in der Apotheke selbst wirklich abgehalten

wurde, boten sie kopfschüttelnd mit; und auf dieser Auktion erstand der Förster des Apothekers Bildergalerie, der Doktor die chinesische Punschschale und der Pastor den Ehrensessel des Obersten in brasilianischen Diensten Dom Agostin Agonista.

Ein kahleres Haus gab es nachher nicht im Orte. Nur der Inhalt der Büchsen und Gläser in der Offizin blieb verschont; die Freunde und Bekannten aber überlegten und mußmaßten nach allen Richtungen hin und kamen zuletzt sämtlich auf die nicht ganz unwahrscheinliche Vermutung, daß ihr Freund, Herr Philipp Kristeller, in schlechten Papieren ganz heimlich spekuliert und sich verspekuliert habe.

Natürlich rieten sie ihm dringend, sich doch umgehend an seinen Freund, den brasilianischen Obersten zu wenden, und begriffen nicht, aus welchem Grunde er das so sehr hartnäckig ablehnte.

MATERIALIEN

Inhaltsverzeichnis

Einleitung

Der Autor der Novelle ›Zum wilden Mann‹ (1873): skeptischer Zeitgenosse der zu schnellen ökonomischen und sozialen Umwälzung in Deutschland in der zweiten Hälfte des 19. Jahrhunderts; anfänglich engagierter, dann enttäuschter Teilnehmer an der Sammlung der seit 1848 versprengten liberalen Kräfte; vor allem beredter und mit fortschreitendem Alter erbitterter konservativer Kritiker des Verfalls herkömmlicher Kultur- und Bildungsformen – dieser Wilhelm Raabe (1831–1910) hat es nach vorübergehendem Erfolg notwendig und dauerhaft schwer mit dem deutschen Lesepublikum gehabt. Er hatte es fast noch schwerer mit jenen professionellen Lesern, die als Raabe-Freunde den Autor im Bild eines dichtenden Beraters für alle Lebensfragen kanonisierten oder als germanistische Literaturwissenschaftler bis in die 1960er Jahre häufig vom kauzigen Poeten im Winkel redeten. Eigentlich heute erst ist Raabes Platz neben Gottfried Keller und Theodor Fontane mit Gründen gesichert.

Die beiden ersten Materialienteile haben diese schwierige Rezeption zum Gegenstand. Im *ersten Teil* geben Äußerungen Raabes aus seinem umfänglichen Briefwechsel, der seine Isolierung in Braunschweig seit 1870 wenigstens teilweise aufheben sollte, und aus beiläufig niedergeschriebenen Notizbüchern Aspekte vom zerfallenden kulturellen Leben im Wilhelminischen Reich. Es sind Aspekte aus der Sicht des Betroffenen im doppelten Sinne: eines Autors, der vom Publikum abhängig ist und diesem doch äußerst skeptisch gegenüber steht, und eines Humanisten, der sich von Masse und Mittelmäßigkeit umgeben sieht.

Der *zweite Materialienteil* veranschaulicht anhand einer exemplarisch kühlen zeitgenössischen Rezension der Novelle ›Zum wilden Mann‹ und anhand einiger Interpretationsversuche von der Zeit des Raabe-Kults bis zur heutigen ernsthaften, wenn auch problematischen wissenschaftlichen Bemühung die Verlaufskurve der widersprüchlichen Beschäftigung von Germanisten mit Raabes Werk. Alle Interpretationen, so sehr sie sich unterscheiden in Substanz und wissenschaftlicher Argumentation, reden von der Komplexität und dem erzählerischen Anspruch des Texts. Dieser ist jenem Genre zuzuordnen, dem Raabe, nicht zuletzt aus den ökonomischen Zwängen des freien Schriftstellerdaseins, sich vorzugsweise widmete: der Novelle. Ihr galten in der zweiten Hälfte des 19. Jahrhunderts mehrere Theorien, die sich durchaus auch als Schreibanleitungen von Autoren für Autoren verstanden.

Die im *dritten Materialienteil* auszugsweise abgedruckte Novellenpoetik Paul Heyses wurde mit ihrer Rede vom »Falken« maßgeblich für viele Autoren und für alle professionellen Leser. Dem Unterschied zwischen der von Raabe vertretenen Novelle des sogenannten bürgerlichen Realismus und der klassischen Novelle Goethes und Kleists geht der Beitrag von J. Kunz nach.

Die Statistiken im *vierten Teil* können schließlich den eingangs formulierten Satz von der sprunghaften Industrialisierung und Kapitalisierung in Deutschland dokumentieren. In diesem historischen Prozeß mit seinen vielfältigen Auswirkungen auf den Kulturbetrieb, auf die Schriftstellerexistenz, auf die Rolle der humanistischen Bildung und auf die poetische Form fühlte sich Raabe als betroffener Zeitgenosse. Der Verarbeitung dieses Prozesses gilt seine Dichtung. Von ihm ist nicht nur beiläufig in der vorliegenden Novelle die Rede.

I. Raabes Selbstverständnis

Briefe Wilhelm Raabes

1. [An Paul Heyse[1]]

Braunschweig, 2 März 1875
und in d. That nicht:
aus diesem Schloß, d. 20st. Julius 1614

Bester, Verehrtester, Sie haben doch das Gefühl oder Bedürfniß, von dem aus ich Ihnen meinen Brief schrieb, nicht ganz richtig herausgefunden. Es war einfach der Drang, einen Schrei auszustoßen, daß ihn ein *Mensch* höre; ich versichere Sie, es überkommt mich dann u wann dieser Drang physisch; – Eitelkeit, Anmaßung oder gar der jetzt in unserm Volk herumgehende Größenwahnsinn haben wahrhaftig nichts damit zu schaffen. Überdruß u Angst waren mehr als alles andere Schuld daran: Ihr Vorbericht aber war das erste gute Wort, das mir seit langer Zeit gedruckt vor die Augen gekommen ist! Ich wollte Ihnen meinen Danck aussprechen, u d. Jammer hat sich dann ganz von selber dran gehängt.

Verehrtester, Sie können keine Ahnung davon haben, wie viele Sottisen mir täglich gesagt werden über das, worin ich doch mein innerstes Leben u Wircken fühle. Ich habe den alten romantischen Schlachtruf: »Krieg d. Philistern!« sehr ernst genommen, und deßhalb würde es Vielen eine Erleichterung u Genugthuung sein, wenn sie mich auf das itzo so wohl kultivirte Feld der Kulturhistorie treiben könnten:

---

(1) Einer der erfolgreichsten Autoren des späteren 19. Jahrhunderts (1830 – 1914). Vom gehobenen Bildungsbürgertum geschätzter Ästhetizist und Dichter in der klassischen Bildungstradition, Verfasser von ca. 120 Novellen. Nobelpreisträger 1910.

Der Schnitzelmann aus Nürenberg
Hat feil in seiner Buden, –

wie es in dem Kinderliede heißt.

Was meinen Sie, wollen wir Beide achtzig Jahre alt werden, um über das heutige Datum lachen zu können? Ich meine nicht! –

Daß ich die Aufgabe der Dichtkunst nicht in dem Sinne Spielhagens fasse, der sich neulich, wie ich in der Zeitung gelesen habe, bei einer Festivität in Breslau einen »Dichter-Journalisten« genannt hat, werden *Sie* mir vor Allen glauben.

Mit dem innigen aber leider auch unerfüllbaren Wunsche, heute Nachmittag eine Cigarre bei Ihnen rauchen zu dürfen

Ihr getreuer
WilhRaabe

Wilhelm Raabe: Briefe. In: Wilhelm Raabe: Sämtliche Werke. Ergänzungsband 2. Bearbeitet von Karl Hoppe unter Mitarbeit von Hans-Werner Peter. Vandenhoeck & Ruprecht, Göttingen 1975, S. 182f. (Brief 172)

2. [An Ernst Eckstein[2]]

Braunschweig, 10 August 1878

[. . .] Meiner Meinung nach giebt es gar keinen Schriftsteller-*Stand* und wird auch nie einen geben. Ein Lump, der mit Feder und Dinte ein wircklich Werck schafft, ist und bleibt stets ein Autor, ob Sie ihn ausschließen wollen oder nicht, und ein »unbescholtener« Mann, mag sich noch so viel »Schriftsteller« benamsen: hat er nichts von literarischem Werthe produzirt, so ist er keiner. Wir sind eben keine Gilde, und alle Vortheile und Nachtheile unserer Stellung in der Welt beruhen gerade hierauf. Daß Sie von Ihrer projectirten Vereinigung

(2) Dresdner Schriftsteller (1845 – 1900), von 1874 – 82 Redakteur der Zeitschrift ›Deutsche Dichterhalle‹. Betriebsamer Literat und Herausgeber von Anthologien.

»Schriftstellerinnen« nicht ausschließen wollen, berührt aber wircklich etwas drollig. Es klingt etwas wie eine gewisse Angst vor den guten Weiberchen durch diesen Passus von § 2 des Entwurfes. – [. . .]
Das einzig Practische in Ihrem Entwurf würde vielleicht die Verabredung eines alljährlich stattfindenden Schriftstellertages sein, an welchem man sich gegenseitig persönlich näher treten und dann und wann sein Wohlgefallen an einander finden könnte. Aber *das* haben die Herren Journalisten – die, welche wircklich annähernd einen Stand bilden – bereits, und gewiß haben sie wohl auch schon eine Hülfskasse für sich. Wir Andern, die wir uns nicht von unsern »Zeitungs-Besitzern« die Reisekosten ersetzen lassen können, wir würden auf solch' eine Tagfahrt nur dann eingehen, wenn sie an unserm jedesmaligen Aufenthaltsorte stattfände. Leise deuten Sie selber dieses schon in Ihrem Briefe an: »eine Verpflichtung, die Delegirtenversammlung zu besuchen, gehen Sie nicht ein.«
Verehrter Freund, Sie wohnen in Leipzig; wir Übrigen aber hier und da – in Flachsenfingen, Berlin, Schilda, München, Schöppenstedt, Wien, Kyritz, Karlsruhe, Liegnitz, Stuttgart und Braunschweig. Ihr Leipziger Symposion soll leben und blühen; aber ein allgemeines deutsches Reichssymposion germanischen Federviehs ist und bleibt eine schöne aber platonische Idee. Wir speisen da nicht zusammen, sondern wir werden in alle Ewigkeit einzeln verspeist werden. Wir sind und bleiben ein Jeglicher auf seinem Pflock auf der Leiter, dazu da, von den Philistern nach Auswahl gepackt, entkehlt, gerupft, gesotten und gebraten zu werden, oder so zu sagen, die große allgemeine Bettelsuppe unseres Volkes fett zu machen. Auch der »Vorstand des Börsenvereins« (siehe § 1, 1) wird mir da Recht geben.
Ist es nicht so?
Mit herzlichstem landsmannschaftlichem Gruße

Ihr ergebenster

WilhRaabe.

Briefe, s. o., S. 197–199. (Brief 188) Ausschnitte.

3. [An Paul Heyse]

Braunschweig, 6 Januar 1886

Verehrter, lieber Freund!

Das war in der That ein sehr freundschaftlicher, wackerer Brief, und er wird aufgenommen, wie es sich gebührt! Zu der Firma Westermann stand ich nur in dem Verhältniß, daß ich ihr während der letzten Jahre meine Manuscripte anbot und sie dieselben nahm, bezahlte und druckte. Dieses Verhältniß löste sich dadurch, daß man nach der »Villa Schönow« mir erklärte: Das *deutsche Publikum* habe fürs Erste genug von mir. Und man hatte durchaus nicht Unrecht!

Ich bot Rodenberg »Pfisters Mühle« für die »Deutsche Rundschau« an und erhielt das Manuscript zurück, weil – es dem deutschen Publikum unbedingt zu übel in dem Buche röche.

So ist es gewesen! Grunow hat mir neulich geschrieben, das deutsche Publikum habe bis dato den größten Theil der Auflage ruhig bei ihm liegen lassen. Die ›Grenzboten‹[3] haben kein Mehl auf meiner Mühle gemahlen. –

Verehrter Freund, was brauchen wir auf ein etwaiges Nachreden und Naserümpfen unserer deutschen »öffentlichen Meinung« zu geben! Am 15 October dieses gegenwärtigen Jahres 1886 sind es dreißig Jahre her, seit meine ›Chronik der Sperlingsgasse‹ erschien. Für die ihr nachfolgende dreißigjährige Arbeit hat mir das deutsche Publikum durch seine Buchhändlern die Summe von rund 25 000 Thalern auszahlen lassen, und ich habe ihm sehr danckbar dafür zu sein; denn – wie Vielen ist es schlimmer ergangen und – im Grunde – hatte ich es doch »selber so gewollt!«

Könnten Sie, lieber Freund, einen Gerichtshof ausländischer Pairs berufen und darüber urtheilen lassen, was es für das deutsche Publikum bedeute, daß es die 1500

(3) Wichtigstes publizistisches Organ des sog. bürgerlichen Realismus nach 1848. Herausgeber seit 1847: Julian Schmidt, der zusammen mit Gustav Freytag in Romankritiken und Abhandlungen die fürs spätere 19. Jahrhundert maßgebliche Literaturtheorie vorstellte.

Exemplare von ›Abu Telfan‹ erst dann gekauft habe, als sie ihm in einem bunten Umschlag billigst zur »Eisenbahnlectüre« angeboten wurden, so wäre mir das am liebsten: Heute kann ich nur sagen, daß ich jede aus dem *Deutschen Volk* für mich erhobene Hand hoffnungsreich wie vor dreißig Jahren fasse!
Im gegebenen Falle handeln Sie für mich, wie Sie es für angemessen halten, getreuer Mitbruder in der germanischen Literaturdinte!

Ihr

WilhRaabe

Briefe, s. o., S. 250 f. (Brief 230)

4. [An Karl Schönhardt[4]]

Braunschweig, 26 Februar 1887

Lieber Freund!
Ja freilich, Dir – Euch – uns Allen alle Glückwünsche zu diesem gesegneten einundzwanzigsten Februar![5] Es war aber auch wahrlich Zeit, daß Dieses kam. Mit welchem Ingrimm und Ekel hat man sich die letzten Jahre durch sagen lassen müssen: Kein lügenhafterer Vers als jener:

›Ist's, was der Fürsten Trug zerklaubt,
Vom Kaiser und vom Reich geraubt?‹

O nein, nein, nein und neunmal nein, das Deutsche Volk selber will das Reich nicht, hat es nie gewollt!
Deutsches Volk? Ach was! Deutsch redender oder schwätzender Bevölkerungsbrei, für einen kurzen Augenblick von ein paar großen Männern in eine staatliche Form gepreßt! Morgen vielleicht schon sind sie todt, diese Männer, und der Brei fließt wieder auseinander, und die Fremden mögen dreist wieder von allen Seiten mit ihren Löffeln anrücken »zur Wiederaufrichtung und Herstellung der hergebrachten Freyheiten teutscher Nation!« – – [. . .]

Briefe, s. o., S. 256 f. (Brief 236). Ausschnitt.

(4) Freund Raabes aus der Stuttgarter Zeit, Regierungsrat in Stuttgart, Briefpartner von 1870 bis 1909.
(5) Am 21. Februar 1887 war die Reichstagswahl.

[1] Wenn dieses Sündflutgewässer reclamierter Literatur sich senkt, dann wird sich abheben eine Insel mit schroffen, schwer zugängigen Landungsstellen, zornig und drohend anzusehen; aber im Innern voll von Blumen und Palmen, süßen Stimmen etc.
Sm.[6] [1873]

[2] Wer ist ein Humorist? Der den winzigsten aller Nägel in die Wand oder die Hirnschale des hochlöblichen Publikums schlägt, – und die ganze Garderobe der Zeit und aller vergangenen Zeit dran aufhängt. Sm. [1873]

[3] Man muß Bücher schreiben, die gewinnen, wenn das Geschlecht, das sie später liest, andere Röcke und Hosen trägt.
Auf dem untern Rand einer Zeichnung und ohne Bezug auf diese mit der Datierung: 6. Sept. 1873. Nachts 11¼ Uhr.)

[4] In dem Augenblick, in welchem du dem Volke dein Bestes zu geben dich abhastest, ruft der Pöbel unter deinem Fenster: Racha! oder gar: Du Narr!
Sm.: Februar 1874

[4] Nur die Leute sind und tun was, die *allein* stehen.
Nb.[7] 4: 3. 6. 1874

[6] Es ist mit den Menschen wie mit den Büchern, die man liest: das eine ist einem ans Herz gewachsen und daraus geschrieben, wie ›Wahrheit und Dichtung‹, und andre liest man nach Tisch auf dem Sofa liegend, wie ›Soll und Haben‹[8]. Nb. 4: Juni 1874

(6) Sm = Schreib- oder Sammelmappe Raabes.
(7) Nb = Notizbuch Raabes.
(8) Roman von Gustav Freytag (1816 – 95), erschienen 1855.

[7] Das Geld liegt auf der Straße. Für den deutschen Poeten aber liegt es leider in der Gosse. Will er's aufheben, so steht dem nichts im Wege.

Nb. 4: Juni 1874

[8] Heute nach 60 Jahren gibt es eine . . .-Literatur. Dann wird man herumgeschnüffelt haben und herumschnüffeln, und – ein Vivat all denen, die mir heute Gutes tun und getan haben.

Nb. 4: Oktober 1874

[9] Ein wirkliches Buch muß so geschrieben sein, daß ihm weder eine Handvoll Druckfehler, noch eine schlechte Ausstattung, noch alberne Reklamen und dumme Kritiken im Laufe der Zeiten etwas anhaben. Es muß aus allem Wust und Unsinn auftauchen können – und es wird's. – Nb. 4: 9. 12. 1874

[10] Es wird einem nichts schwerer in der Welt gemacht, als *seiner* Natur zu folgen. Die Natur, die ihm folgt, scheint das con amore gewöhnlich unmöglich machen zu wollen. Das Ganze setzt sich wider das Einzelne. Nb. 4 [1874]

[11] Was hilft es, wenn die Nation an der Grenze oder über die Grenze hinaus die größesten Schlachten gewinnt und hinter sich währenddessen die verhungern läßt, um die es sich einzig lohnt, daß ein Volk Schlachten schlage und gewinne. Das Fressen, Saufen und Kinderzeugen würde an ihrer Stelle auch der sogenannte Feind besorgen. Nb. 5: 5. 4. 1875

[12] Das Leben auszunutzen heißt nicht, sich dem hingeben, was die Leute so nennen, sondern seiner eigenen Natur folgen, sie in ihren vorteilhaften Seiten ausbilden und, was sie groß nennt, tun, wenn auch die Welt es gering und langweilig schätzt.

Nb. 4 [1875]

[13] Grundgedanke des Sozialismus ist, daß ein jedwedes Individuum den ganzen Staat in sich zu repräsentieren wünscht, während sonst der Mensch nur

durch die Polizei mit dem Staate mehr oder weniger in Berührung gerät. Ich danke für die höhere Würde der Gesamtrepräsentation.

Nb. 5: 16. 9. 1876

[14] Das ist unwahr und deshalb keine Dichtung. Lügen darfst du in politischen Abhandlungen, statistischen Aufstellungen und dergleichen. Das hat nichts zu sagen. Da lacht nur die pragmatische Weltentwicklung. Lügst du aber in der Dichtkunst, so lacht die Natur, die Sterne schütteln sich vor Lachen und – Mitleid. Sm.: 26. 4. 1877

[15] Es gibt zweierlei Arten von Büchern. Die einen lesen die Leute, weil sie wollen, die andern, weil sie müssen. Die letztere Art ist die wahre. Die Generation, welche nicht gewollt hat, ist hin; jetzt kommen die Geschlechter, welche müssen.

Sm.: 30. 4./1. 5. 1889

[16] Zu Goethes Wahrheitsgefühl Schopenhauers Wahrheitsliebe. Sm.: 8. 5. 1889

[17] Die Dummheit des Kommunismus, der Sozialdemokratie, daß das meint, die Natur verzichte dem Menschen gegenüber auf ihr Recht, von ihrem Reichtum an Lebewesen Gebrauch zu machen und tausend umkommen zu lassen, um einem das Vergnügen des Atemholens fünf Minuten lang zu gestatten. Nb. 7 [1890]

Karl Hoppe: Aphorismen Raabes, chronologisch geordnet.
In: Jahrbuch der Raabe-Gesellschaft 1960, S. 94–139.

II. Rezension und Interpretation

1. [Rezension in der ›Deutschen Rundschau‹]

(1879)

Krähenfelder Geschichten von Wilhelm Raabe. 3 Bde. Braunschweig, G. Westermann. 1879.

Auch in diesen drei Bänden zeigen sich die bekannten Eigenthümlichkeiten der Raabe'schen Dichtung in voller Entfaltung: echtester, von einer tief-sittlichen Lebensanschauung getragener Humor, frische, realistische Farbe dicht neben Neigung zu seltsamen, verschwommenen Phantasiespielen und ein düsterer, an Pessimismus streifender Zug. Raabe's Stärke ruht in der Ausmalung des Einzelnen, die oft von classischer Wahrheit, Kraft und Formenreinheit ist, sowol in der Charakteristik, als in der Schilderung der Außenwelt und Führung der Handlung, während die Gesammtanlage der Dichtungen sich häufig verworren zeigt und dieselben mit schrillen Dissonanzen und ungelösten Problemen plötzlich abbrechen läßt. Den seltsamen Titel der vorliegenden Bände erklärt ein kurzes Vorwort in echt Raabe'scher Weise: »Vor einem der Thore der Stadt Braunschweig liegt eine recht schöne Gegend, seit undenklichen Zeiten das Krähenfeld genannt. Dort hat der Verfasser seit dem Jahre 1870 gehaust und die nachfolgenden Stücke allgemach zu Papier gebracht. Daß er daselbst auch den ›Däumling‹, den ›Christoph Pechlin‹, den ›Meister Autor‹, den ›Horacker‹, den ›Wunnigel‹ und den ›Deutschen Adel‹ nach und nach vom Gewissen los geworden ist, braucht hier nicht weiter in Betrachtung gezogen zu werden.« Und noch seltsamer als der Titel ist die Gesellschaft, die unter ihm sich versammelt. Die Erzählungen ›Höxter und Corvey‹ (Bd. I) und ›Die Innerste‹ (Bd. III) zeichnen mit unbarmherziger

Wahrhaftigkeit und wildem Humor ein paar Nachtstükke aus der langen, langen Geschichte deutschen Elends, die zwischen dem Westphälischen und dem Hubertsburger Frieden unsere Jahrbücher füllt. ›Zum wilden Mann‹ (Bd. I) und ›Frau Salome‹ (Bd. II), aus der unmittelbaren, frischesten Gegenwart norddeutschen Lebens genommen, lassen mit warmem, innigem Verständniß die unverwüstlichen, guten Grundzüge germanischer Art dichterisch wirksam werden in einem durch keine optimistischen Zugeständnisse verhüllten Kampfe mit den furchtbaren Realitäten des Lebens. Da wartet z. B. ein biederer, betriebsamer Apotheker dreißig Jahre lang sehnsüchtig auf die Rückkehr eines unbekannten Wohltäters, der ihn einst durch ein großmüthiges Geschenk in den Stand setzte, sein Geschäft zu begründen. Der ›Wohlthäter‹ erscheint endlich, entpuppt sich als ein Sonderling, der einst in einem Anfalle von phantastischem Trübsinn sein Geld dem ersten besten Unglücklichen an den Kopf warf, und nun, klug geworden in der Schule des amerikanischen Lebens, in aller Gemüthlichkeit und Herzlichkeit das ›Geschenk‹ als Darlehn mit Zinseszins reclamiert. Kein plötzlicher Großmuthsact, keine Glücksgunst lößt am Schlusse in herkömmlicher Weise die Dissonanz optimistisch auf. Der brave Apotheker bleibt kahl gerupft, von allen ›Freunden‹ verlassen und verkannt, mit seiner alten Schwester und seinem guten Gewissen zwischen seinen Büchsen und Gläsern zurück. Wir haben unsere Freude an der Entwicklung seiner tüchtigen, goldechten Natur gehabt und haben sie bis zuletzt an seinem unverbitterten Herzen und seinem ungebrochenen Muthe. Ein Mehreres ist der Dichter, der nicht mit Leckerbissen handelt, zu gewähren nicht in der Lage [. . .]

Deutsche Rundschau, Band 20, 1879, S. 160. Ausschnitt.

2. Johannes Mißlack: [»Ein Dokument der Weltanschauung Raabes«]

(1914)

Als Raabe von Freunden gefragt wurde: »Warum haben Sie gerade diese Novelle, die doch nur ein intellektuelles Publikum fesseln kann, für die Massenverbreitung der Universalbibliothek ausgewählt?« antwortete er: »Weil sie zu meinen besten Sachen gehört.«[9] Wenn er die Novelle nicht hoch einschätzte, würde er nicht 10 Jahre nach ihrer Abfassung in den ›Unruhigen Gästen‹ noch einmal auf einige Personen zu sprechen gekommen sein. Hatte er wohl von falschen Urteilen, falschen Auffassungen gehört? Wollte er durch die ›Unruhigen Gäste‹ den Weg zu einer richtigen Erklärung zeigen?

Die Novelle gehört zu den ›Krähenfelder Geschichten‹ und ist 1873 geschrieben, unmittelbar nachdem Raabe das Manuskript seines ›Meister Autor‹ vom Verleger mit Dank zurück erhalten hatte, eine Schrift, die ähnliche Rätsel aufgibt wie ›Zum wilden Mann‹. Man sieht, Raabe ließ sich durch den Mangel an Verständnis seitens der Verleger nicht von seiner Art abbringen. Und ebenso starr ist seine Meinung vom Publikum. Es war ein gefährliches Unternehmen, eine Schrift in der Reclamsche Universalbibliothek zu geben, die beim ersten Lesen so wenig gewinnend erscheint, deren Sinn so schwer einleuchtet, die eher abstößt als anlockt. Raabe gibt dem deutschen Publikum keine lockende Kostprobe, fast das Gegenteil, er verlangt eine Probe von ihm. Wer die Eigenart und Schwere dieser Erzählung versteht, der wird mehr von Raabe wissen wollen. Aber das werden sehr wenige gewesen sein, da selbst gute Kenner und Freunde Raabes die Novelle ablehnten. [. . .]

Das treffendste Urteil über August in der Jugend fällt Johanne: »Er hat ein großes Unglück erfahren oder windet sich noch durch eines« . . . Der Mensch tut ihr

(9) Nach Hartmann: W. Raabe – Wie er war und wie er dachte. S. 64.

unendlich leid, sie erkennt seinen klugen, klaren Kopf, der stets genau überlegt und weiß, was er sagt und tut. Er ist gebildet, aufgewachsen in jener absonderlichen Umgebung des einsam vor der Stadt gelegenen Hofes, unterrichtet von einem feinsinnigen Vater. Die Menschen sind ihm fremd, er fühlt, daß sie ihn ablehnen seiner Herkunft wegen, für die er doch gar nichts kann. Die Natur ist ihm vertraut, er liebt sie, die Pflanzen trösten ihn. Ein solcher Mensch muß an dem Amt, das ihm seine Väter vererbt haben, zu Grunde gehen. Er erträgt das Hauptbuch seiner Familie, er erträgt die einmalige Ausführung seines Amtes, weil sein Verstand klar ist, aber nur unter Opferung alles dessen, was Gemüt heißt. Das gibt die Krise am Blutstuhl: dort läßt er sein Herzblut hinlaufen, wie das der armen Opfer in rauher, heidnischer Zeit dahinfloß. Was meint Raabe mit diesem Herzblut? Die seelischen Güter, das Empfinden für Schuld und Unschuld, das Gemüt. August entledigt sich alles, was ihn an die alten Verhältnisse bindet, auch der äußeren Güter, seines Vermögens. Ein völlig neuer Mensch, will er von vorn anfangen. So nimmt ihn die Neue Welt auf, dem es ganz gleichgültig ist, was aus ihm werden mag. Ein Erbteil hat er doch mitgenommen, seinen Verstand; er macht ihn fähig weiterzuleben, er macht ihn zum geeigneten Objekt für die Lehren der Neuen Welt.

Will Raabe hierin mehr als einen Einzelfall geben? Ist seine Absicht, an einem Typ zu zeigen, was die Neue Welt aus einem an sich gut angelegten Menschen, der in der Alten gescheitert ist, machen kann? Der Werdegang Augusts vom Freibeuter zum brasilianischen Obersten und endlich zum Unternehmer in echt amerikanischer Großmannssucht legt es nahe. Jene kleinlichen Begriffe von Moral und Dankbarkeit sind nicht mehr giltig für diese Menschen, denen nur Geld, nur Zahlen imponieren können. Ein neues Leben zurück zu den Menschen wollte August anfangen. Jenen »August« haßt er. Dom Agonista ist er geworden. Mit dem Erschießen Gefangener, mit dem Hängen als Polizeimann hat er seine Radi-

kalkur beendet. Woran er als Jüngling in der Alten Welt gescheitert, ist jetzt sein Beruf, den er ohne Bedenken ausübt. Das menschliche Einzelleben hat keine Bedeutung mehr für ihn. Ihm ist die Maxime, nach der er alle Lebensfragen entscheidet, der eigene Vorteil, wie ihn der Augenblick bietet. Er ist Egoist ohne jedes Mitgefühl, der mit amerikanischer Skrupellosigkeit die lieben Mitmenschen ausnutzt und nimmt, was sie bietet, er ist Materialist, der die Umwelt in verstandesgemäß berechenbare Dinge auflöst, Ideen aber nicht kennt. Agostin ist nur äußerlich glücklich zu nennen, im Inneren ist er leer und wertlos. So kommt er – wirklich ein neuer Mensch – zurück in die Heimat, er findet seinen Freund in guten Verhältnissen; dieser will nicht mitgehen nach Amerika; so nimmt er ebenso selbstverständlich, wie es Kristeller gibt, Kapital plus Zinsen mit fort. Auf das, was er entblößt, auf die geraubte und nicht berechnete Lebensarbeit Kristellers hat er nicht acht. Aber er verspricht goldene Berge und spanische Silberflotten. [. . .]
Den Schlüssel für die Art Philipps enthält das Gespräch mit Dorette, die ihm sagt, daß der Oberst sein Geld holen will: »Das wäre ja wundervoll . . . herrlich, herrlich wäre es.« Denn für ihn ist nun die Stunde gekommen, August auf dem Wege zum Glücke behilflich zu sein. Tatsächlich gibt der Apotheker gern und glücklich Kapital und Zinsen zurück. »Möge es nur dem alten tollen Freunde mit seinem jungen Glück gut gehen!« das ist sein Wunsch, da er verlassen in seiner öden Apotheke sitzt und von vorn anfängt.
Darin liegt eine Kraft, die nur selten in der Literatur gleich scharf zum Ausdruck gebracht ist; die Kraft, eine ideale Lebensauffassung durchzuleben. Kristeller ist erst durch den Schluß, der uns nun als rechter Schluß erscheint, zum Helden, zum Mittelpunkt der Erzählung geworden: während er in seinem Alltagsleben fast philisterhaft erscheint, mit jenem schwebenden Idealismus, der die Realitäten des Lebens nicht versteht, am Ende hat er die Probe bestanden, er hat die gewaltigste Leistung vollbracht, die Bürde abgeworfen, die ihm in der

Verwaltung fremden Geldes zu teil geworden war, und ist sich getreu geblieben: »mit zufriedenem Einverständnis mit seinem harten Los« hat er bis zu seiner Todesstunde gelebt, so berichtet Dorette in den ›Unruhigen Gästen‹, »dem tat niemand ein Leid an.«

Ein interessantes Widerspiel in dieser eigenartigen Freundschaft: der selbstsichere Oberst nutzt seinen Freund aus, ohne es zu achten, daß er verwerflich handelt – der schlichte Apotheker glaubt an ihn und gibt ihm gern, ohne es zu achten, daß er einem Egoisten seine Lebensarbeit opfert, der es gar nicht verdient; beide gehen in ihrer Art zufrieden auseinander.

Damit haben wir die wahre Bedeutung des wilden Mannes: die Erzählung ist ein Dokument der Weltanschauung Raabes, wie sie besonders in der Stuttgarter Trilogie[10] niedergelegt ist. In dieser kurzen Erzählung ist sie in knapper Form scharf herausgearbeitet. Kristeller, der Vertreter des Idealismus, ein echter Raabemensch: gelassen überwindet er die rauhen und schlechten Wirklichkeiten des Lebens durch die entsagungsvolle Kraft seiner inneren Persönlichkeit. »Wir behalten den Kopf doch noch oben und führen auch unter den jetzigen Verhältnissen ein gutes und stilles Leben weiter« – Dom Agostin, der Vertreter des Materialismus: äußerlich scheint er wohl beneidenswert glücklich, in Wahrheit lebt er in einer Welt des Scheins und Trugs, der Augenblick und das Materielle beherrschen ihn. – Der Pessimismus gilt nur gegenüber den äußeren Gütern; innerlich frei und Sieger im Leben sind allein die Menschen, die eine eigene ideale Welt in sich erbaut haben. [. . .]

Mitteilungen für die Gesellschaft der Freunde Wilhelm Raabes 4/1914, Nr. 1, S. 1–8; hier S. 1/2, 4–7. Ausschnitte.

(10) Siehe Zeittafel, S. 129, zu 1862 – 70.

3. Klaus J. Heinisch: [Raabes Realismus]

(1964)

[...] Die Frage nach der eigentlichen Hauptperson in der Novelle ›Zum wilden Mann‹ ist im Grunde müßig. Das Böse und das Gute gehören beide in die Welt, und daß das Böse gewöhnlich siegt, sofern es nicht durch die ›genormten Finalzusammenhänge‹ des Rechts, durch die soziale Notwendigkeit, dem Guten Freiheit zu gewähren und es zu schützen, dem Bösen aber Grenzen zu setzen und es zu strafen, daran gehindert wird, ist eine tägliche Erfahrung. Im Besitze der Macht aber triumphiert das Böse. Dieser Gegebenheit sieht der Realist mit einem lachenden und einem weinenden Auge ins finstere Antlitz. Aber weil er Realist ist, arbeitet Raabe, ganz abgesehen von etwaigen ähnlichen Geschehnissen und Erlebnissen in seiner Harzburger Sommerfrische, die möglicherweise die Anregung zu Einzelheiten der Erzählung gegeben haben, mit Wirklichkeiten: wirkenden und wirkungsvollen Tatsachen, die weder anklagen noch beschönigen wollen. Bezeichnet man ihn deshalb als Pessimisten, so bedeutet das gleichzeitig soviel, als sagte man: ein optimistischer Realismus sei ein Widerspruch in sich selbst.

Pessimismus als Welt- und Lebensanschauung verlangt jedoch weit mehr als realistische Beachtung des menschlichen Daseins, verlangt das Äußerste an moralischer Widerstandskraft, verlangt schließlich jenen Abstand zu den Dingen der Welt und des Lebens, den allein – der Humor finden kann. Der Oberst Dom Agostin Agonista aber kennt keinen echten Humor, der sogenannte Humor des Landphysikus Hanff ist bestenfalls Spaßmacherei, über die man im Ernstfall gar nicht recht lachen kann, und die Geschichte von dem Geschwisterpaar Kristeller endet so trost- und aussichtslos, daß ihm sogar die mitleidige Entrüstung der Mitwelt versagt bleibt: das Böse triumphiert – aber nur, um dem Dichter Gelegenheit zu geben, das ›Trotzdem‹ zu sagen, das im Munde Philipp Kristellers, dem eben doch, genau wie dem

›Hungerpastor‹ Hans Unwirrsch, die besondere Liebe des Dichters gehört, lautet: ›Wie es auch kommen mag!‹

Klaus J. Heinisch: Wilhelm Raabe ›Zum wilden Mann‹. (RUB 2000 [2].) Lehrpraktische Analysen, Folge 20. Reclam, Stuttgart 1964, S. 16–26; hier S. 25 f. Ausschnitt.

4. Peter Sprengel: [Raabes Auseinandersetzung mit dem Kapitalismus]

(1974)

[. . .] So ist die melancholische Innerlichkeit Kristellers in ›Zum wilden Mann‹ (1873) nicht direkt auf einen primären Eigentumsverlust im oben verwandten Sinn, sondern auf das verlorene Glück seiner Verlobungszeit bezogen[11]. In der Apotheke, die der Besitzlose, das »voraussichtlich ewige Subjekt«, sich vor dreißig Jahren dank eines großen Geldgeschenks kaufen konnte, schlägt sich die sentimentale Fixierung Kristellers auf die eigene Erinnerung im Innenraum nieder. Von der »Offizin«, dem Arbeits- und Verkaufsraum der Apotheke, ganz gemäß Benjamins Notiz über die bürgerliche Scheidung von Kontor und Interieur durch eine Tür getrennt, liegt das »Hinterstübchen« Kristellers, in dem dieser in Philistertracht: Schlafrock, Pantoffeln und Hauskappe, der verstorbenen Braut und dem Freund, dem er das Betriebskapital verdankt, nachsinnt. In der wohl umfangreichsten Schilderung eines Interieurs bei Raabe wird – immer in Abhebung gegen den nächtlichen Harz und den Herbststurm draußen – die behagliche Atmosphäre dieses Innerlichkeitsraumes in einem Katalog des philiströsen Inventars entfaltet: von Ofen, Tisch und Lehnstuhl über Blümchenteppich und -tape-

(11) Letzten Endes läßt sich jedoch auch hier ein primärer Eigentumsverlust auffinden: die Veruntreuung des väterlichen Erbes durch den Vormund schafft erst die Besitzlosigkeit Kristellers, die seine Verlobung überschattet und ihn gegenüber Agostins Forderungen so wehrlos macht.

te, ferner Eckschenke mit Porzellan, Blumentöpfe, geflochtene Graskrone, Vogelkäfig und ausgestopfte Wildkatze bis hin zu den »Bildern und Bildchen«, die »in kaum zu berechnender Menge die Wände von oben bis unten bedecken«. Wie ein Hinweis auf die Bedeutung des ganzen Interieurs liest sich der Abschluß der ausführlichen »Katalogisierung« dieser »Bildergalerie« durch den Erzähler mit Dürers (im Druck hervorgehoben:) ›Melancholia‹ – »zwischen zwei Straßenszenen aus dem Jahre 1848« (!).
Die Destruktion dieser Innenwelt ist Inhalt der Erzählung, die ihre besondere gesellschaftskritische Schärfe[12] und ihre Relevanz für diese Untersuchung daraus gewinnt, daß der Eigentumsverlust, der sonst der Illusionsbildung vorausgeht, hier ihrer Zerstörung beigeordnet ist[13]. Wie in ›Prinzessin Fisch‹ die Desillusionierung im Motiv der Vertreibung aus dem Paradiese und des Verlusts des Zuhause den ursprünglichen Eigentumsverlust aufgreift, so wird hier die Zerstörung der Illusion von der großen Freundschaft durch die Rückkehr des einst empfindsamen, nun zum skrupellosen Oberst Agostin Agonista gewandelten Freundes August mit der Zerstörung des Besitzes verbunden: Agonista fordert vom Apotheker die Auszahlung des einst von ihm übersandten Kapitals samt Zins und Zinseszins[14].

(12) Raabes Freund (!) W. Jensen erklärte, das »Büchlein [. . .] sollte [. . .] polizeilich verboten werden«: Westermanns Illustrirte Deutsche Monatshefte 47 (= 4. Folge, 3. Bd.) (1879/80), S. 118 f.

(13) Raabe spricht in bezug auf Kristeller – offenbar um den Darlehenscharakter zu betonen, den dieser seinem Vermögen beimißt, – nicht von »Eigentum« (dagegen wird Augusts väterliches Erbe so bezeichnet: »eigentumslos«. Die Verschiedenheit von Kristellers gebrochenem Verhältnis zu »unserem – meinem – deinem Vermögen« von z. B. Theodors naivem Dasein im angestammten Eigentum kann in der Konfrontation mit dem Kapitalismus, die die gemeinsamen Züge des vorbürgerlichen Eigentumsverhältnisses hervortreten läßt, vernachlässigt werden.

(14) Das Motiv der Rückkehr des Kapitalisten, der sein formales Eigentum den (im vorbürgerlichen Sinne) wahren Eigentümern abverlangt, tritt bereits in ›Schüdderump‹ auf, wenn Häußler nach Krodebeck

Und wie in ›Prinzessin Fisch› gerät dieser (im Gegensatz zum primären Eigentumsverlust, der der Illusionsbildung vorangeht) zweite oder sekundäre Eigentumsverlust zur Auseinandersetzung mit dem Kapitalismus. Denn als dessen Vertreter ist Agostin aus Amerika heimgekehrt: für seine kapitalistischen Vorhaben (Fleischextrakt-, Likörfabrik) braucht er das Geld, und der Geldwert allein (»Zahlen! Zahlen!«) interessiert ihn auf seinem Inspektionsgang durch Kristellers Heimwesen, während dieser – der Repräsentant des vorbürgerlichen Eigentumsverhältnisses gegenüber dem des modernen bürgerlichen Privateigentums – jeden Gegenstand als Teil seiner selbst, an dem jener wegen seiner Freundschaft zu ihm Anteil nehmen müsse, vorführt. Agonista zwingt jedoch auch der Gegenseite seiner Perspektive auf: der Apotheker und seine Schwester müssen selbst die Umwandlung ihres allerpersönlichsten Gebrauchswerts in Tauschwert vollziehen – diese in blankem Haß, jener in krampfhaftem Bemühen, sich den schönen Traum von der Freundschaft, die über materielle Interessen geht, gegen alle reale Evidenz zu bewahren. Im Schlußkapitel verdichtet sich die zunächst als zufällig erscheinende Verbindung von Desillusionierung und Besitzentzug zur Erfahrung der Verdinglichung einer Innerlichkeit, die, indem sie sich im verinnerlichten Eigentum des Interieurs auszudrücken versucht, selber tendenziell der Warenform anheimfällt. Diese Erfahrung wird für die freiwillige Hausratsplünderung in ›Die Akten des Vogelsangs‹ grundlegend sein; hier wird sie erstmals leidvoll gemacht, wenn die Möbel aus der Apotheke, das Vieh aus den Ställen verschwin-

kommt und Antonie ihren Erziehern und Freunden entreißt. Dort wird schon der Eigentumsbegriff bemüht: Häußler: »mein ganzes, vollstes, eigenstes Eigentum«, »du bist mein Eigentum, hörst du, mein volles, eigenstes Eigentum«, v. Glaubigern: »jetzt nimmt er es [das Kind] mir – mir, welchem es ganz und gar zu eigen gehört [. . .] ich habe kein Geld, mein Eigentum dem elenden, erbärmlichen Gesellen abzukaufen«, »mein Eigentum«.

det und auf der Auktion[15] die besten Freunde, wenn auch kopfschüttelnd, mitbieten und u. a. auch die Bildersammlung erstehen: »Ein kahleres Haus gab es nachher nicht im Orte«: das Interieur, die primär durch Wunschversagung konstituierte, sekundär im Besitz ausgedrückte Innerlichkeit ist vernichtet. [...]

Peter Sprengel: Interieur und Eigentum. Zur Soziologie bürgerlicher Subjektivität bei Wilhelm Raabe. In: Jahrbuch der Jean-Paul-Gesellschaft 9/1974, S. 127–176; hier S. 151–153. Ausschnitt.

(15) Das Motiv der Versteigerung des Hausrats erscheint hier zum erstenmal bei Raabe. Es kehrt außer in ›Prinzessin Fisch‹ in ›Alte Nester‹ und ›Der Lar‹ wieder. Die Plünderung des Hausrats in ›Stopfkuchen‹ und ›Die Akten des Vogelsangs‹ kann als seine dialektische Weiterbildung verstanden werden.

III. Poetik und Praxis der Novelle im 19. Jahrhundert

1. Paul Heyse: [Theorie vom »Falken«]

(1871)

[. . .] Wie sehr auch die kleinste Form großer Wirkungen fähig sei, beweis't unseres Erachtens gerade die Novelle, die im Gegensatz zum Roman den Eindruck eben so verdichtet, auf Einen Punkt sammelt und dadurch zur höchsten Gewalt zu steigern vermag, wie es der Ballade, dem Epos gegenüber, vergönnt ist, mit einem raschen Schlage uns das innerste Herz zu treffen. Es kann hier nicht unsere Aufgabe sein, das Kapitel der Ästhetik über Roman und Novelle zu schreiben, so wenig wir mit den einleitenden Notizen eine Geschichte der deutschen Novellistik zu geben dachten. So viel aber muß doch zu vorläufiger Verständigung gesagt werden, daß wir allerdings den Unterschied beider Gattungen nicht in das Längenmaß setzen, wonach ein Roman eine mehrbändige Novelle, eine Novelle ein kleiner Roman wäre. Da lang und kurz relative Begriffe sind und man bekanntlich die simpelste Liebesgeschichte für den Liebhaber nicht lang genug ausspinnen, dagegen den Inhalt der Odyssee »zum Gebrauch des Dauphin« auf eine Quartseite bringen kann, so muß, wenn es sich um mehr als Namen handeln soll, schon im Thema, im Problem, im unentwickelten Keim etwas liegen, das mit Nothwendigkeit zu der einen oder andern Form hindrängt.

Und dies scheint, wenn man auf das Wesentliche sieht, in Folgendem zu beruhen.

Wenn der Roman ein Kultur- und Gesellschaftsbild im Großen, ein Weltbild im Kleinen entfaltet, bei dem es auf ein gruppenweises Ineinandergreifen oder ein concentrisches Sichumschlingen verschiedener Lebenskreise recht eigentlich abgesehen ist, so hat die Novelle in einem *einzigen* Kreise einen *einzelnen* Conflict, eine sittliche oder Schicksals-Idee oder ein entschieden abgegrenztes Charakterbild darzustellen und die Beziehungen der darin handelnden Menschen zu dem großen Ganzen des Weltlebens nur in andeutender Abbreviatur durchschimmern zu lassen. Die *Geschichte,* nicht die Zustände, das *Ereigniß,* nicht die sich in ihm spiegelnde Weltanschauung, sind hier die Hauptsache; denn selbst der tiefste ideelle Gehalt des einzelnen Falles wird wegen seiner Einseitigkeit und Abgetrenntheit – der Isolirung des Experiments, wie die Naturforscher sagen – nur einen relativen Werth behalten, während es in der Breite des Romans möglich wird, eine Lebens- oder Gewissensfrage der Menschheit erschöpfend von allen Seiten zu beleuchten. Freilich wird es auch hier an Uebergangsformen nicht fehlen. Hat doch unser größter Erzähler in seinen ›Wahlverwandtschaften‹ ein echt novellistisches Thema mit vollem Recht zum Roman sich auswachsen lassen, indem er das bedeutende Problem mitten in ein reich gegliedertes sociales Leben hineinsetzte, obwohl vier Menschen auf einer wüsten Insel eben so gut in die Lage kommen konnten, die Gewalt dieses Naturgesetzes an sich zu erfahren.

Im Allgemeinen aber halten wir auch bei der Auswahl für unsern Novellenschatz an der Regel fest, *der* Novelle den Vorzug zu geben, deren Grundmotiv sich am deutlichsten abrundet und – mehr oder weniger gehaltvoll – etwas Eigenartiges, Specifisches schon in der bloßen Anlage verräth. Eine *starke Silhouette* – um nochmals einen Ausdruck der Malersprache zu Hülfe zu nehmen – dürfte dem, was wir im eigentlichen Sinne *Novelle* nennen, nicht fehlen, ja wir glauben, die Probe auf die Trefflichkeit eines novellistischen Motivs werde in den meisten Fällen darin bestehen, ob der Versuch gelingt, den Inhalt in wenige Zeilen zusammenzufassen, in der Weise, wie die alten Italiener ihren Novellen kurze Überschriften gaben, die dem Kundigen schon im Keim den specifischen Werth des Thema's verrathen.

Wer, der im Boccaz[16] die Inhaltsangabe der 9ten Novelle des 5ten Tages lies't:
»Federigo degli Alberighi liebt, ohne Gegenliebe zu finden; in ritterlicher Werbung verschwendet er all seine Habe und behält nur noch einen einzigen Falken; diesen, da die von ihm geliebte Dame zufällig sein Haus besucht und er sonst nichts hat, ihr ein Mahl zu bereiten, setzt er ihr bei Tische vor. Sie erfährt, was er gethan, ändert plötzlich ihren Sinn und belohnt seine Liebe, indem sie ihn zum Herrn ihrer Hand und ihres Vermögens macht« – wer erkennt nicht in diesen wenigen Zeilen alle Elemente einer rührenden und erfreulichen Novelle, in der das Schicksal zweier Menschen durch eine äußere Zufallswendung, die aber die Charaktere tiefer entwickelt, aufs Liebenswürdigste sich vollendet? Wer, der diese einfachen Grundzüge einmal überblickt hat, wird die kleine Fabel je wieder vergessen, zumal wenn er sie nun mit der ganzen Anmuth jenes im Ernst wie in der Schalkheit unvergleichlichen Meisters vorgetragen findet.
Wir wiederholen es: eine so einfache Form wird sich nicht für jedes Thema unseres vielbrüchigen modernen Kulturlebens finden lassen. Gleichwohl aber könnte es nicht schaden, wenn der Erzähler auch bei dem innerlichsten oder reichsten Stoff sich zuerst fragen wollte, wo »der Falke« sei, das Specifische, das diese Geschichte von tausend anderen unterscheidet.

Paul Heyse: Deutscher Novellenschatz, hrsg. von P. Heyse und H. Kurz. Einleitung. München o. J. (1871), S. 16–20. Ausschnitt.

(16) Giovanni Boccaccio ›Decamerone‹, musterbildende Novellensammlung (1348 – 53).

2. Josef Kunz: [Die Eigenart der Novellen Raabes]

(1970)

[. . .] Worin dieser [Unterschied zwischen der klassischen Novelle und Raabes Novellen] begründet ist, läßt sich von manchen Seiten her begreifbar machen. Wichtig in diesem Zusammenhang ist nicht zuletzt die unterschiedliche Intention des Erzählaktes. Die der klassischen Novelle ist die gesellschaftliche Zerstreuung, oder, wie Goethe noch sagt, die »Unterhaltung«. Mögen schon bei Boccaccio und in noch erhöhtem Maße bei Goethe andere Absichten mitschwingen –, der primären Intention nach dient diese Novelle jedenfalls der Unterhaltung. Von dieser Funktion her erhält dieser Typus seine besondere Form: die Weise, wie auf Spannung hin erzählt wird; in Verbindung damit die Notwendigkeit, das Überraschungsmoment herauszuarbeiten, die Bedeutung des Wendepunktes und der Pointe, zu verstehen als Zentrierung des Erzählens auf das unerwartete Faktum; der Verzicht des Erzählers, dieses auf seinen tieferen Gehalt hin zu erörtern, und manche andere Züge. Kommt man von daher zu Raabe, dann ist dies alles in sein Gegenteil verkehrt. Auch hier empfiehlt sich, von der Intention des Erzählens auszugehen, um die Andersartigkeit zu begründen. In der zuvor interpretierten Novelle ist ebenfalls eine lebendige Erzählsituation geschaffen: die Stiefschwester erzählt das Novellengeschehen ihrer Nichte. Die Absicht des Erzählens ist indessen eine andere: Das Ereignis interessiert nicht mehr um der Unterhaltung und der Neuigkeit willen, sondern wird zum Schlüssel für die Daseinsdeutung. Nicht mehr die Zerstreuung, sondern die Betroffenheit ist für die Haltung des Erzählers und des Hörers entscheidend. Nicht mehr eine Gesellschaft, die auf Unterhaltung ausgeht, ist das Gegenüber des Erzählers, sondern einer, der in der Desorientiertheit seines Lebens Weisung und Orientierung sucht.

So wäre der Unterschied der beiden Erzähltypen von der Erzählsituation her zu charakterisieren. Damit ist allerdings noch nicht gesagt, warum eine so tiefgreifende Wandlung in der Entwicklung der Novelle geschehen mußte. Die Antwort auf diese Frage kann nur im Blick auf das hin gegeben werden, was sich im Gang der neuzeitlichen Gesellschaft an Veränderungen gezeitigt hat. Die klassische Novelle der Romanen rechnet mit einer Gesellschaft, die in ihrer Sicherheit im Grunde unerschüttert ist. Die nachklassische Novelle setzt die Zweifel und die Krise der Sicherheit voraus. In dieser Krise aber bietet sich die Novelle mit ihrer Konzentration auf das ›Ereignishafte‹ immer stärker als jene dichterische Form an, die in besonderer Weise geeignet erscheint, Situationen zu gestalten, in denen die geschlossene Rationalität der Weltgestaltung von oben und unten her erschüttert wird. Im Grunde ist diese Erschütterung die soziologische Voraussetzung für die Entwicklung der deutschen Novelle von Goethe bis ins 19. Jahrhundert hinein; nur ist hinzuzufügen, daß bei Raabe die bisher mehr oder minder latent gebliebenen Voraussetzungen manifest werden. Nur von daher ist es zu begreifen, daß in der nachklassischen Novelle jener Konflikt immer entscheidender wurde, der von Goethe in den ›Wahlverwandtschaften‹ zum erstenmal als wesenhaft für die Novelle betont wurde. Dieser Konflikt ist zu verstehen als Widerspruch zu einer Daseinsgestaltung, die jede Überraschung ausschalten möchte. Er weist auf ein Dasein, das diese Möglichkeit der Sicherung in Frage stellt. [. . .]

Josef Kunz: Die deutsche Novelle im 19. Jahrhundert. Erich Schmidt Verlag, Berlin ²1978, S. 165–167. Ausschnitt. (Grundlagen der Germanistik, 10.)

IV. Statistiken zur ökonomischen Umwälzung im Kaiserreich

1. Das Wachstum deutscher Großstädte

	Bevölkerung im Jahre 1875	1890	1910
Berlin	966 859	1 587 794	2 071 257
Bremen	102 532	125 684	217 437
Breslau	239 050	335 186	512 105
Charlottenburg	25 847	76 859	305 978
Chemnitz	78 209	138 954	287 807
Dortmund	57 742	89 663	214 226
Dresden	197 295	276 522	548 308
Düsseldorf	80 695	144 642	358 728
Duisburg	37 380	59 285	229 438
Essen/Ruhr	54 790	78 706	294 653
Frankfurt/M.	103 136	179 985	414 576
Hamburg	264 675	323 923	931 035
Hannover	106 677	163 593	302 375
Kiel	37 246	69 172	211 627
Köln	135 371	281 681	516 527
Königsberg	122 636	161 666	245 994
Leipzig	127 387	295 025	589 850
Magdeburg	87 925	202 234	279 629
München	193 024	349 024	596 467
Nürnberg	91 018	142 590	333 142
Stettin	80 972	116 228	236 113
Stuttgart	107 273	139 817	286 218
Zahl der Städte mit mehr als 10 000 Einwohnern	271	394	576

Sozialgeschichtliches Arbeitsbuch. Materialien zur Statistik des Kaiserreichs 1870–1914, hrsg. von G. Hohorst u. a. Beck, München 1975, S. 45.

2. Erwerbstätigkeit nach Wirtschaftssektoren

Erwerbstätige und ihre Angehörigen nach Wirtschaftssektoren (in 1000)

Wirtschaftssektor	Jahr	Summe der Erwerbstätigen	davon weiblich absolut	davon weiblich in %	*Angehörige*
A.	1882	8 236	2 535	30,8	10 564
Landwirtschaft	1895	8 293	2 753	33,2	9 834
	1907	9 883	4 599	46,5	7 634
B.	1882	6 396	1 127	17,6	9 359
Industrie	1895	8 281	1 521	18,4	11 652
	1907	11 256	2 104	18,7	14 799
C.	1882	1 570	298	19,0	2 665
Handel und	1895	2 339	580	24,8	3 344
Verkehr	1907	3 478	931	26,8	4 458
D.	1882	1 723	1 466	85,1	539
Häusliche	1895	1 772	1 548	87,4	453
Dienste	1907	1 736	1 570	90,4	320
E.	1882	1 031	115	11,2	1 027
Verwaltung,	1895	1 426	177	12,4	1 218
Militär	1907	1 739	288	16,6	1 445
und freie Berufe					
Zusammen	1882	18 957	5 542	29,2	24 154
A. bis E.	1895	22 110	6 578	29,8	26 501
	1907	28 092	9 493	33,8	28 655
F.	1882	1 354	702	51,8	756
Berufslose und	1895	2 143	1 116	52,1	1 016
Rentenbezieher	1907	3 405	1 792	52,6	1 568
Zusammen	1882	20 311	6 247	30,7	24 911
A. bis F.	1895	24 253	7 694	31,7	27 517
	1907	31 497	11 285	35,8	30 223

Sozialgeschichtliches Arbeitsbuch, s. o., S. 66.

3. Beschäftigte in Industrie und Handwerk nach Betriebsgrößenklassen

Jahr	Beschäftigte je Betrieb					
	1–5	6–10	11–50	51–200	201–1000	über 1000
	Industrie und Handwerk (in %)					
1882	59,8	4,4	13,0	11,8	9,1	1,9
1895	41,8	7,4	17,3	17,4	12,8	3,3
1907	31,2	7,0	19,4	20,8	16,7	4,9

Sozialgeschichtliches Arbeitsbuch, s. o., S. 75.

4. Entwicklung des Personen- und Güterverkehrs auf den Eisenbahnen

Jahr	Millionen		Jahr	Millionen	
	Personen-kilometer	Tonnen-kilometer[17]		Personen-kilometer	Tonnen-kilometer[17]
1870	4 447	5 876	1891	11 679	23 143
1873	5 693	10 060	1894	12 811	24 349
1876	6 109	10 979	1897	16 192	28 560
1879	6 148	12 244	1900	20 062	34 699
1882	7 064	15 023	1903	22 058	37 034
1885	7 934	15 965	1906	27 732	45 353
1888	9 210	20 229	1909	33 663	48 576

Sozialgeschichtliches Arbeitsbuch, s. o., S. 82.

(17) Ohne die nichtfrachtpflichtigen Güter und Postgüter, einschließlich Viehbeförderung.

Zeittafel zu Leben und Werk

1831	Raabe in Eschershausen geboren (8. September).
1832–45	Besuch der Bürgerschule und des Gymnasiums in Holzminden und Stadtoldendorf.
1845	Tod des Vaters und Übersiedlung nach Wolfenbüttel.
1845–49	Besuch des Wolfenbütteler Gymnasiums.
1849–53	Buchhändlerlehre in Magdeburg.
1854–56	Hörer an der Universität Berlin. Beginn der ›Chronik der Sperlingsgasse‹ 1854.
1856 bis 1859	Erscheinen des Erstlingswerks. Gute Aufnahme beim Publikum. Reisen nach Süddeutschland und Österreich. Jugendromane und frühe Novellen.
1860	Eintritt in den Deutschen Nationalverein. Teilnahme an Tagungen in Coburg 1860 und Heidelberg 1861. Politischer Enthusiasmus Raabes für den Liberalismus.
1861	Verlobung mit Bertha Leiste, Heirat 1862.
1862–70	Stuttgarter Zeit. Teilnahme am bewegten Kulturleben Stuttgarts. Geburt der Tochter Margarete 1863. – Sogenannte Stuttgarter Trilogie: ›Der Hungerpastor‹ (1864), ›Abu Telfan‹ (1867), ›Der Schüdderump‹ (1869). Zahlreiche historische Novellen, darunter: ›Unseres Herrgotts Kanzlei‹ (1862), ›Else von der Tanne‹ (1865), ›Im Siegeskranze‹ (1866), ›Die Gänse von Bützow‹ (1866).
1866	Freundschaft mit dem Autor Wilhelm Jensen und seiner Frau Marie.
1868	Geburt der Tochter Elisabeth. Das Ehepaar Jensen verläßt Stuttgart.
1870	Übersiedlung nach Braunschweig, mitten in der Mobilmachung für den Deutsch-Französischen Krieg. Schriftstellerische Vereinsamung des Autors Raabe und zunehmende politische Desillusionierung. Beitritt zum Honoratiorenzirkel der ›Kleiderseller‹. Geburt der Töchter Klara (1872) und Gertrud (1876). – Historische Novellen, darunter: ›Des Reiches Krone‹ (1870), ›Höxter und

	Corvey‹ (1875), vor allem aber Hinwendung zur realistischen Novelle. Wachsende Schwierigkeiten mit dem Publikum der Gründerzeit.
1879	›Krähenfelder Geschichten‹ (Sammlung der Novellen: ›Zum Wilden Mann‹ (1873), ›Höxter und Corvey‹ (1875), ›Eulenpfingsten‹ (1875), ›Frau Salome‹ (1875), ›Die Innerste‹ (1876), ›Vom alten Proteus‹ (1876).
1879–96	Romane der sog. Braunschweiger Trilogie: ›Alte Nester‹ (1879), ›Stopfkuchen‹ (1891), ›Die Akten des Vogelsangs‹ (1896). Weitere bedeutende Romane der Altersphase: ›Unruhige Gäste‹ (1885), ›Das Odfeld‹ (1888).
1892	Tod der Tochter Gertrud.
1899–1900	Letzter Roman ›Altershausen‹ (als Fragment erschienen 1911).
1901	Mehrere Ehrungen zum Jubiläum, darunter Ehrendoktorwürde der Universitäten Göttingen und Tübingen. Raabe-Renaissance, vorangetrieben durch Mitglieder der ›Kleiderseller‹ (Wilhelm Brandes).
1910	Raabes Tod (15. November).

Auswahlbibliographie

1. Zu Raabes Person und Werk

Hermann Helmers: Wilhelm Raabe. Metzler, Stuttgart 1968 (Sammlung Metzler 71).

Ders. (Hrsg.): Wilhelm Raabe in neuer Sicht. Kohlhammer, Stuttgart etc. 1968.

Karl Hoppe: Wilhelm Raabe. Beiträge zum Verständnis seiner Person und seines Werkes. Vandenhoeck & Ruprecht, Göttingen 1967.

2. Zur Novelle im 19. Jahrhundert

Josef Kunz: Die deutsche Novelle im 19. Jahrhundert. E. Schmidt, Berlin 1970 (Grundlagen der Germanistik 10).

Josef Kunz: Novelle. Wiss. Buchgesellschaft, Darmstadt ²1973.

Fritz Martini: Die deutsche Novelle im bürgerlichen Realismus. In: Wirkendes Wort 10/1960.

Benno von Wiese: Novelle. Metzler, Stuttgart 1969 (Sammlung Metzler 27).

3. Weitere Interpretationen der Novelle ›Zum Wilden Mann‹

Ernst Bösser: Über die Erzählung ›Zum Wilden Mann‹. Persönliche Wege zu Raabescher Wahrheit. In: Mitteilungen der Gesellschaft der Freunde Wilhelm Raabes, 16/1926, S. 65-79.

Hans Butzmann: Musäus' ›Schatzgräber‹ und Raabes Erzählung ›Zum Wilden Mann‹. In: Mitteilungen der Raabe-Gesellschaft 36/1949, S. 81–83.

Theodor Müller: Der zeitgeschichtliche Hintergrund der Raabeschen Erzählung ›Zum Wilden Mann‹. In: Mitteilungen der Gesellschaft der Freunde Wilhelm Raabes, 28/1938, S. 76–81.

Theodor C. van Stockum: Wilhelm Raabes Novelle ›Zum Wilden Mann‹. In: Duitse kroniek (Den Haag) 21/1969, S. 143–158.

Sozialgeschichtliches Arbeitsbuch. Materialien zur Statistik des Kaiserreichs 1870–1914. Hrsg. von G. Hohorst u. a. Beck, München 1975.

Das wilhelminische Bildungsbürgertum. Hrsg. von Klaus Vondung. Vandenhoeck & Ruprecht, Göttingen 1976 (Kleine Vandenhoeck Reihe 1420).

Karl-Heinz Höfele: Geist und Gesellschaft der Bismarckzeit 1870–1890. Vandenhoeck & Ruprecht, Göttingen 1967 (Quellensammlung zur Kulturgeschichte 18).

Moderne deutsche Sozialgeschichte. Hrsg. von Hans-Ulrich Wehler. Köln, Berlin 1970 (Neue Wissenschaftliche Bibliothek 10).

Editionen für den Literaturunterricht

Herausgeber: Dietrich Steinbach

Werkausgaben mit Materialienanhang

Bertolt Brecht:
Geschichten
(Geschichten — Berichtigungen alter Mythen · Kalendergeschichten Geschichten vom Herrn Keuner Die Wendungen Me-tis)
Texte und Materialien
bearbeitet von D. Steinbach
Klettbuch 3511

Georg Büchner:
Dantons Tod
Text und Materialien
bearbeitet von B. J. Warneken
Klettbuch 3512

Georg Büchner:
Lenz und Oberlins Aufzeichnungen
Text und Materialien
bearbeitet von H.-D. Weber
Klettbuch 3527

Georg Büchner:
Woyzeck
Text und Materialien
bearbeitet von Th. Kopfermann und H. Stirner
Klettbuch 3516

Raymond Chandler:
Zielscheibe · Heißer Wind
Texte und Materialien
bearbeitet von E. Finckh
Klettbuch 3517

Annette von Droste Hülshoff:
Die Judenbuche
Text und Materialien
bearbeitet von H. Widhammer
Klettbuch 3518

Johann Wolfgang von Goethe:
Iphigenie auf Tauris
Text und Materialien
bearbeitet von B. Nagl
Klettbuch 3528

Johann Wolfgang von Goethe:
Die Leiden des jungen Werther
Text und Materialien
bearbeitet von D. Bonz
Klettbuch 3519

Heinrich Heine als politischer Schriftsteller
(Die Nordsee · Über den Denunzianten · Aus: Deutschland — Ein Wintermärchen · Zeitgedichte im „Vorwärts!")
Texte und Materialien
bearbeitet von J. Bark
Klettbuch 3513

E. T. A. Hoffmann
Ein universaler Künstler
Texte und Materialien
bearbeitet von H.-U. Lindken
Klettbuch 3529

Ödön von Horváth:
Kasimir und Karoline
Text und Materialien
bearbeitet von D. Steinbach
Klettbuch 3531

Ödön von Horváth:
Italienische Nacht
Text und Materialien
bearbeitet von D. Steinbach
Klettbuch 3514

Heinrich von Kleist:
Michael Kohlhaas
Text und Materialien
bearbeitet von R. Siegle
Klettbuch 3515

Heinrich von Kleist:
Prinz Friedrich von Homburg
Text und Materialien
bearbeitet von D. Steinbach
Klettbuch 3532

Editionen für den Literaturunterricht

Herausgeber: Dietrich Steinbach

Werkausgaben mit Materialienanhang

Gotthold Ephraim Lessing:
Emilia Galotti
Text und Materialien
bearbeitet von R. Siegle
Klettbuch 3521

Gotthold Ephraim Lessing:
Minna von Barnhelm
Text und Materialien
bearbeitet von J. Bark
Klettbuch 3522

Eduard Mörike:
Mozart auf der Reise nach Prag
Text und Materialien
bearbeitet von O. Bantel
Klettbuch 3533

Wilhelm Raabe:
Zum Wilden Mann
Text und Materialien
bearbeitet von J. Bark
Klettbuch 3534

Friedrich Schiller:
Don Carlos · Infant von Spanien
Text und Materialien
bearbeitet von W. Große
Klettbuch 3526

Friedrich Schiller:
Kabale und Liebe
Text und Materialien
bearbeitet von
A. Brunkhorst-Hasenclever
Klettbuch 3523

Friedrich Schiller:
Die Räuber
Text und Materialien
bearbeitet von D. Steinbach
Klettbuch 3524

Friedrich Schiller:
Die Verschwörung des Fiesco zu Genua
Text und Materialien
bearbeitet von
A. Brunkhorst-Hasenclever
Klettbuch 3535

Sturm und Drang · Lyrik
Texte und Materialien
bearbeitet von F. Burckhardt
Klettbuch 3525

Die Reihe wird fortgesetzt

Ernst Klett Stuttgart

Editionen für den Literaturunterricht

Herausgeber: Dietrich Steinbach

Materialien zu Werken

Wolfgang Borchert:
Draußen vor der Tür
Materialien
bearbeitet von W. Große
Klettbuch 3558

Alfred Döblin:
Berlin Alexanderplatz
Materialien
bearbeitet von D. Mayer
Klettbuch 3559

Max Frisch:
Andorra
Materialien
bearbeitet von E. Hermes
Klettbuch 3551

Max Frisch:
Biedermann
und die Brandstifter
Materialien
bearbeitet von S. Hein
Klettbuch 3552

Peter Handke:
Kaspar
Materialien
bearbeitet von H.-P. Franke
Klettbuch 3553

Hermann Hesse:
Unterm Rad
Materialien
bearbeitet von E. Glöckner
und Th. Lange
Klettbuch 3557

Heinrich Mann:
Der Untertan
Materialien
bearbeitet von J. Wolff
Klettbuch 3554

Robert Musil:
Die Verwirrungen
des Zöglings Törleß
Materialien
bearbeitet von H.-P. Franke
Klettbuch 3555

Friedrich Schiller:
Wallenstein
Materialien
bearbeitet von H.-U. Lindken
Klettbuch 3556

Die Reihe wird fortgesetzt

Ernst Klett Stuttgart